# Obteniendo valor de las Retrospectivas ágiles

## Una caja de herramientas de Ejercicios de Retrospectivas

Ben Linders y Luis Gonçalves

Este libro está a la venta en
http://leanpub.com/gettingvalueoutofagileretrospectives_ES

Esta versión se publicó en 2019-02-08

ISBN 978-94-92119-04-9

**Leanpub**

Este es un libro de Leanpub. Leanpub anima a los autores y publicadoras con el proceso de publicación. Lean Publishing es el acto de publicar un libro en progreso usando herramientas sencillas y muchas iteraciones para obtener feedback del lector hasta conseguir tener el libro adecuado.

# ¡Twitea sobre el libro!

Por favor ayuda a Ben Linders y Luis Gonçalves hablando sobre el libro en Twitter!

El tweet sugerido para este libro es:

Leyendo "Obteniendo Valor de las Retrospectivas Ágiles" por @lgoncalves1979 y @BenLinders. ¡Obten una copia!

El hashtag sugerido para este libro es #RetroValue.

Descubre lo que otra gente está diciendo sobre el libro haciendo click en este enlace para buscar el hashtag en Twitter:

#RetroValue

# También por estos autores

## Libros por Ben Linders

What Drives Quality

Getting Value out of Agile Retrospectives

Waardevolle Agile Retrospectives

Tirer profit des rétrospectives agiles

Ottieni il meglio dalle tue Retrospettive Agili

Извлекаем пользу из Agile-ретроспектив

从敏捷回顾中收获价值

アジャイルふりかえりから価値を生み出す － 日本語版

Wartościowe Retrospekcje Agile

Continuous Improvement

Αποκομίζοντας αξία από τα Agile Retrospectives

Khai thác giá trị Agile Retrospective

Jak zvýšit přínos agilních retrospektiv

The Agile Self-assessment Game

## Libros por Luis Gonçalves

Getting Value out of Agile Retrospectives

Waardevolle Agile Retrospectives

Tirer profit des rétrospectives agiles

Ottieni il meglio dalle tue Retrospettive Agili

アジャイルふりかえりから価値を生み出す － 日本語版

Wartościowe Retrospekcje Agile

Αποκομίζοντας αξία από τα Agile Retrospectives

Khai thác giá trị Agile Retrospective

Jak zvýšit přínos agilních retrospektiv

Transformação digital

# Índice general

# Prólogo

Empecé a diseñar y facilitar retrospectivas hace casi dos décadas. He estado enseñando a otros a facilitar retrospectivas durante al menos una década. He visto cómo la práctica disciplinada de retrospectivas puede ayudar a un equipo. He visto a los equipos mejorar sus prácticas, impulsar la colaboración y hacer mejores productos. Las retrospectivas pueden ayudar a los equipos a crecer en el empoderamiento. Ellos pueden catalizar el proceso de cambio para toda una organización.

También he escuchado historias sobre retrospectivas que fracasan en la adopción del cambio. A veces, estas retrospectivas fallidas han caído en la rutina. El equipo repite las mismas actividades en el mismo orden una y otra vez. Su práctica habitual no chispea creatividad o nuevas forma de pensar. Otras retrospectivas fracasan porque no dan tiempo suficiente a una exploración robusta.

Las retrospectivas efectivas ayudan a los equipos a cortocircuitar los patrones de pensamiento arraigados. Amplían la perspectiva de cada miembro del equipo y ayudan a que los equipos piensen, aprendan, decidan y actúen juntos.

En este libro, Luis y Ben comparten el potencial de las retrospectivas. Su asesoramiento viene del conocimiento práctico. Han aprendido cómo preparar a una organización para las retrospectivas y cómo introducirlas en una organización. Han hecho el trabajo de ayudar a los equipos a elegir y hacer mejoras incrementales sostenibles. Han luchado con las dificultades de los equipos que caen de nuevo en el pensamiento habitual.

Ben y Luis ofrecen una guía para ayudarte a ti y a tus equipos a sacar el máximo provecho de vuestras retrospectivas. Se han recopilado las actividades que te ayudarán a ti y a tus equipos a pensar juntos y a suscitar el debate.

En este libro de bolsillo, equipos y líderes de retrospectivas tienen una nueva y sólida fuente para mantener retrospectivas frescas, enfocadas y llenas de aprendizaje.

Esther Derby
Coautora de Agile Retrospectives: Making Good Teams Great
Duluth, MN
Noviembre de 2013

# Prólogo a la edición española

Mis primeras experiencias laborales no se remontan a los tiempos de la gramola, como suele sugerir mi hijo con impertinente ironía. Pero llevo suficiente tiempo en el mundo de la tecnología, y específicamente el desarrollo de software, como para acordarme de la época en la que no existían las retrospectivas. De vez en cuando, unos consultores muy trajeados armados con portátiles de última generación y presentaciones de diseño, nos hablaban de conceptos como la mejora continua, que habitualmente se traducía en varios meses redactando documentos, una presentación final por parte de los mismos consultores describiendo el supuesto camino a seguir y, por descontado, una elevada factura. En lo que respecta a la mejora, nunca experimenté el gozo que suponía a otros clientes más hábiles a la hora de llevar a cabo dichos planes estratégicos de progreso, crecimiento, aprendizaje y perfeccionamiento.

Lo atribuía a veces a la mala suerte, a veces a los (malditos) consultores y a veces a nuestra incompetencia para implementar consejos tan sencillos como cabales: mejoren esto. Arreglen aquello. Incrementen eso de más allá. Reduzcan un pelín de lo otro. ¿Tan difícil resultaba?

Con el tiempo viajé a otros destinos laborales, y la mala suerte me persiguió. Las mismas frustrantes experiencias se repitieron una y otra vez, y empecé a cuestionarme si no sería algo que tuviese que ver conmigo. Al fin y al cabo, no podía ser que todo el mundo estuviera conduciendo en dirección contraria - tal vez fuera yo el conductor Kamikaze.

Y llegó el día en que, en mi último trabajo por cuenta ajena, me nombraron responsable de un proyecto de mejora. Armado con años de experiencia y conocimiento, me entregue a la tarea con entusiasmo salvaje, convencido de que en aquella ocasión era cuestión de vida o muerte, de probar que se podía o declarar la tarea inabordable. Yo solo, cual héroe griego, me enfrente a los dragones corporativos y describí con impoluta precisión todos los problemas de la organización y su evidente solución. He de decir, modestia aparte, que lo clavé hasta el punto de que pude poner encima de la mesa evidencias de todo el despilfarro que se estaba produciendo y de su impacto en la cadena de valor y en nuestros clientes.

No duré mucho más en dicha empresa, claro.

He tenido mucho tiempo para reflexionar sobre aquellos años. Me he dado cuenta de que no importa cómo de claro esté el camino de la mejora continua si no existe una cultura de mejora. Sin el apoyo constante de todos los miembros de la empresa, cualquier plan estratégico, manual de consultoría, itinerario de mejora o círculo de calidad está abocado al fracaso. Es más, desde una perspectiva cultural Ágil, todo plan impuesto desde los estamentos gerenciales no deja de ser una aproximación Taylorista al progreso: los ingenieros pensando, los obreros trabajando.

Cuando empecé a practicar retrospectivas atravesé las típicas fases que todo equipo se va encontrando en su camino de transformación Ágil, pero quizás empeoradas por la cultura laboral vigente en España en aquella época y que aún goza de muy buena salud en muchas empresas de todo tamaño. Casi nadie participaba activamente en aquellos primeros y radicales experimentos. En el mejor de los casos, se apuntaban problemas generales y los equipos protestaban porque estos problemas eran cuestión de los gerentes. Al fin y al cabo, decían, a ellos les pagaban por programar, no por arreglar la empresa. Con el tiempo, la presa fue cediendo y los equipos empezaron a señalar toda clase de problemas, a veces no tan evidentes, pero aún seguían sintiendo que la solución a dichos problemas era problema de otro.

Solo en las empresas que más y mejor han caminado en el sendero de la Agilidad he podido experimentar el auténtico poder de las retrospectivas eficaces mantenidas durante un tiempo suficiente. Estas empresas cuentan con equipos auto-organizados que funcionan como auténticas apisonadoras: una vez que se les muestra un problema, arrasan con todo hasta dar solución al mismo, y no esperan que nada o nadie les allane el camino.

Es realmente emocionante cuando se experimenta de primera mano.

La Agilidad, más que una metodología, un marco de trabajo o un destino concreto, es un camino. Una cultura, definida por un propósito noble y una serie de valores, comportamientos y artefactos compartidos. Esta cultura se ha ido abriendo paso en la comunidad Iberoamericana sobre todo en los últimos seis o siete años: un suspiro comparado con las décadas y décadas de entornos jerárquicos y burocráticos en las que muchos profesionales han desempeñado toda su carrera. Por tanto, es lógico que aun estemos tratando de entender la dimensión y el impacto de esta nueva cultura en nuestras organizaciones.

En base a mi experiencia, una de las características más potentes de la Agilidad, pero a la vez uno de sus puntos débiles en lo que respecta al proceso de cambio, es que se trata de una cultura de equipos. Esto ha hecho que en la mayoría de las organizaciones la transformación comience con una serie de innovadores y "adoptadores iniciales" en los equipos de desarrollo. Estos equipos entienden las ventajas asociadas a determinadas prácticas técnicas de una manera más rápida y completa que las capas gerenciales de las empresas, a las que aún aterrorizan conceptos como la refactorización, el desarrollo guiado por pruebas o la programación en parejas. Pero digo que la cultura de equipos es un punto débil en el proceso de transformación porque, en la revolución de las guerrillas contra los ejércitos regulares del régimen, son pocas las veces en las que triunfa la guerrilla. Por ello, en mi aproximación a la transformación Ágil de las empresas, es siempre importante contar con un "campeón del cambio", un innovador con suficiente presencia en los niveles gerenciales como para poder introducir dicho cambio en los estamentos organizativos de la empresa.

No nos confundamos: la cultura de equipos es poderosísima. Lencioni decía que el trabajo en equipo es la ventaja competitiva definitiva, tanto por ser tan poderosa como por ser tan dificil de alcanzar. Lamentablemente, otra debilidad de dicha cultura de equipos en la Agilidad es que estos equipos, que tan rápido ven la ventaja de determinadas prácticas técnicas, se frustran con frecuencia al abordar las prácticas organizativas, como por ejemplo la planificación, la revisión de las iteraciones o las retrospectivas. Si preguntamos a muchos equipos Ágiles de todo el mundo por los inconvenientes de la Agilidad, una de las respuestas más repetidas será "demasiadas reuniones".

Es por ello que, en base a mi experiencia, muchos equipos están dejando de hacer retrospectivas. Para ellos, estas reuniones se han convertido en una especie de "culto al cargo" en el que repetimos determinadas ceremonias y rituales esperando que se materialice una mejora que no acaba de llegar nunca. Le rezamos a san plus y santa delta, desgranamos el rosario de impedimentos, elevamos plegarias a nuestro gurú de la Agilidad y esperamos que algo ocurra. Es inevitable que, con el tiempo, sintamos que estas reuniones no nos llevan a ningún sitio y empecemos a acortarlas, celebrándolas sólo porque el libro dice que hay que hacerlas.

Como decía, con el tiempo estos equipos han dejado de hacer retrospectivas y confían la labor de mejora continua a *Scrum Masters*, *Coaches* y gerentes. O ni siquiera tienen conciencia de que la reflexión continua sobre cómo mejorar y la busqueda de la excelencia técnica son principios innegociables de la Agilidad.

Sorprendentemente, cuando nos dirigimos a la literatura hay cientos de libros sobre Agilidad, *Scrum*, *Kanban*, *Lean*, *XP*... Pero apenas un puñado que hablen de las retrospectivas y la mejora continua, por no decir que, hasta hace poco, el único faro en las oscuras aguas de la mejora Ágil era el "Agile Retrospectives" de Esther Derby y Diana Larsen, por el que nunca estaremos suficientemente agradecidos.

Es por ello que en su día decidí escribir y publicar un libro no solo sobre retrospectivas, sino sobre la mejora continua en las organizaciones Ágiles y todo lo que ello conlleva a nivel de procesos, personas y productos. Y es por ello también que me alegra que Ben Linders y Luis Gonçalves hayan dedicado su talento y su esfuerzo a seguir aportando al arte de facilitar retrospectivas eficaces y obtener el máximo valor de ellas.

Es posible que, como lector o lectora de este libro, sientas la tentación de saltar directamente a los magníficos juegos, técnicas, ejercicios y herramientas que contiene. Esto sería un gran error, ya que Luis y Ben han acertado al incluir al principio del libro una serie de reflexiones fundamentales sobre un aspecto crucial de las retrospectivas: el por qué de las retrospectivas, qué esperamos de ellas y que requisitos son necesarios para que funcionen adecuadamente.

No entender estos aspectos sería tan poco efectivo como aprender a manejar el martillo y la sierra sin saber si queremos una silla o un armario. Del mismo modo, pretender que los equipos pasen súbitamente de ser dirigidos a ser facilitados, de ser coordinados a colaborar entre ellos, de obedecer órdenes a auto-organizarse, todo ello sin considerar las condiciones necesarias para que se desarrollo esta nueva forma de trabajo, es una receta segura para el desastre. Luis y Ben han acertado al resaltar estos aspectos al principio del libro, y harás bien en confiar en ellos y seguir sus consejos.

Algo estupendo de este libro es que será de utilidad tanto al practicante novato como a aquellos que llevan más tiempo luchando contra las mareas de la Agilidad. Estos últimos están acostumbrado a ver como muchas veces los equipos recaen en malos hábitos o simplemente pierden el empuje y el entusiasmo de los primeros tiempos del cambio, cuando la novedad de las notas adhesivas, los tablones y las reuniones diarias bastan para que el equipo mantenga la motivación y la energía necesarias. La introducción de nuevas prácticas y herramientas, como las propuestas en este libro, pueden ser un buen empuje para recuperar y mantener ese espíritu de exploración y descubrimiento tan característico de los auténticos equipos Ágiles.

Recuerda no obstante, lector o lectora, que nadie aprende a nadar en un libro, y que ahora te toca a tí tirarte a la piscina y ayudarnos a mantener la llama de la mejora en nuestras organizaciones.

Mis pensamientos y mi agradecimiento están también contigo.

Ángel Medinilla
Autor de 'Agile Management' y 'Agile Kaizen"
www.proyectalis.com/AngelMedinilla
Mairena del Aljarafe, Sevilla
Abril de 2014

# Prefacio

Los dos somos blogeros activos en www.benlinders.com y lmsgon-calves.com. En nuestros blogs compartimos nuestras experiencias sobre diversos temas de Agilidad y eficiencia, incluyendo retrospectivas.

Escribir un blog es la manera en que compartimos nuestros conocimientos y es gratificante. Nos gustan los comentarios que recibimos en nuestros blogs cuando la gente comparte sus propias experiencias y nos encanta escuchar a personas que han probado las cosas que escribimos.

Ya que muchos lectores nos han dicho que valoran nuestros artículos, empezamos a pensar en cómo podríamos hacer las cosas más fáciles para ellos, proporcionando un pequeño libro sobre un tema específico, un libro que puedan llevar con ellos que tenga información práctica que puedan utilizar en su trabajo cotidiano. Estos pensamientos nos llevaron a producir este libro sobre Retrospectivas Ágiles.

Orientamos este libro a *Agile Coaches*, *Scrum Masters*, directores de proyecto, gerentes de producto y facilitadores que tengan por lo menos un poco de experiencia en la realización de retrospectivas. Ellos saben sobre el propósito de la retrospectiva, cómo encaja en Agilidad y la forma de organizar y llevarlas a cabo.

Durante los años hemos llevado a cabo diferentes tipos de retrospectivas. Creemos que ayudan a la hora de desarrollar tu propia caja de herramientas personal con ejercicios de retrospectivas. Hemos dado a este libro un toque personal mediante la inclusión de nuestras propias experiencias que están marcadas con nuestras iniciales *(BL)* o *(LG)*.

Queremos dar las gracias a los muchos críticos de nuestro libro por invertir su tiempo y sugerir mejoras: Robert Boyd, Paul van den Broek, Jens Broos, Gerard Chiva, Iñigo Contreras, Hans Dekkers, George Dinwiddie, Stuart Donaldson, Jos Duising, Doralin Duta, Jutta Eckstein, Murrae-Ann Erfmann, Earl Everet, Gerald Fiesser, Don Gray, Linda Halko, Shane Hastie, Joy Kelsey, Gert van de Krol, Cem Kulac, Diana Larsen, Kjell Lauren, Niels Malotaux, Claus Malten, Paul Marsh, Oluf Nissen, Lawrence Nyveen, Pierre Pauvel, Kim Payne, Sylvie R., Sebastian Radics, Whitney Rogers, Cherie Silas, Hubert Smits, Lene Nielsen Søndergaard, Ram Srinivasan, Johannes Thönes, Asheesh Vashisht, Matt Verhaegh, Patrick Verheij, Dan Verweij, Robert Weidinger, y Willy Wijnands. Sus comentarios nos ha ayudado a hacer de éste un libro mejor.

Tener un prólogo de Esther Derby nos hace sentir muy honrados. Con nosotros muchos han aprendido el por qué y el cómo de las retrospectivas del libro *Agile Retrospectives: Making Good Teams Great* que Esther escribió junto con Diana Larsen.

Damos las gracias a InfoQ por la publicación de este libro como mini-libro. Esto nos ayuda a llegar a una audiencia mundial de profesionales apasionados que participan en la adopción de Ágil.

Finalmente, nos gustaría dar las gracias a todas las personas que invierten su tiempo en leer y comentar nuestros blogs. ¡Sus comentarios nos ayudan a aumentar nuestra comprensión acerca de los temas sobre los que escribimos y hace que valga la pena para nosotros mantener los blogs!

Si en algún momento quieres saber más sobre hacer Retrospectivas Ágiles valiosas no dudes en contactar con nosotros. También puedes suscribirte a nuestra lista de distribución Valuable Agile Retrospectives (URL: eepurl.com/Mem7H) para mantenerte actualizado.

Ben Linders y Luis Gonçalves

# Prefacio a la edición Española

Nuestro libro en inglés *Getting Value out of Agile Retrospectives* está traducido a muchos idiomas por equipos de voluntarios de diferentes paises. Estás leyendo la edición española de este libro.

¿Por qué trabajamos con voluntarios en la traducción de nuestro libro? ¡Porque podemos! La gente empezó a preguntarnos si podían ayudarnos con la traducción (de la misma manera que la gente se ofreció a revisar la versión en inglés). Cuando nosotros contactamos para pedir ayuda, la gente nos dijo que estarían encantados de ayudarnos. Les preguntamos si conocían a otras personas en su red y ellos mismos invitaron a otros a unirse al equipo. ¡Funciona!

Muchísimas gracias a los muchos traductores, revisores y editores que nos han ayudado a que nuestro sueño se haga realidad: Ayudar a los equipos alrededor del mundo a hacer valiosas retrospectivas Ágiles.

Damos las gracias al personal de InfoQ por su apoyo continuo durante la escritura y traducción de nuestros libros y a InfoQ for publicar y promocionar nuestros libros como mini-libros en InfoQ.com.

Agradecemos a Ángel Águeda Barrero, Presidente de Valueinnova Spain (@Valueinnova) y Senior Project Manager (PMI-ACP, PMP, PRINCE2, MSP...), por la traducción al español de nuestro libro *Getting Value out of Agile Retrospectives*.

Han participado en la revisión de la traducción:

Israel Alcázar
Dedicado al crecimiento de equipos y organizaciones es un referente nacional en enfoques Ágiles y Lean. Agente y catalizador

del cambio, cuenta con experiencia en la aplicación de Agilidad en departamentos de recursos humanos, innovación y departamentos de tecnología en medianas y grandes empresas.

E-mail: israel@thinkingwithyou.com
Empresa: Thinking With You
Twitter: ialcazar
Website: thinkingwithyou.com

Antonio Moya
Dedicado durante años en Ericsson a la gestión de procesos y a la medición del software. Vicepresidente del Comité CSTIC de la Asociación Española para la Calidad (AEC).

E-mail: a.moya.catena@gmail.com
Twitter: @a_catena

Myriam Hamed Torres
Dedicada a la dirección de proyectos y equipos Ágiles. Entusiasta de todas las prácticas Ágiles y de mejora de rendimiento en equipos y comunidades.

E-mail: myriamhamed@limitlessinitiatives.com
Twitter: @M0N4K0

La traducción para nosotros es otra forma de compartir conocimiento y experiencia sobre Retrospectivas Ágiles. Nuestros equipos de voluntarios están compuestos de personas altamente motivadas. Ellos quieren saber de retrospectivas y ésta es una forma de aprender los ejercicios de retrospectivas y usarlos en su trabajo diario. Como autores nosotros los apoyamos explicando los ejercicios, respondiendo las preguntas y compartiendo nuestro conocimiento y experiencia. Si quieres trabajar con nosotros en una manera similar, siéntete libre de contactar con nosotros vía e-mail: luis.goncalves@oikosofy.com o BenLinders@gmail.com.

# Introducción

Este libro contiene muchos ejercicios que se pueden utilizar para facilitar retrospectivas, apoyados con el "qué" y el "por qué" de las retrospectivas, el valor de negocio y los beneficios que te pueden aportar, así como asesoramiento para la introducción y la mejora de las retrospectivas.

Las Retrospectivas Ágiles son una gran manera de mejorar continuamente la forma de trabajar. Obtener acciones viables de una retrospectiva y conseguir que ayuden a que los equipos aprendan y mejoren. ¡Esperamos que este libro ayude a tus equipos y a ti a conducir retrospectivas con eficacia y eficiencia para reflexionar sobre vuestras formas de trabajar y mejorarlas continuamente!

Este libro comienza con dos capítulos que ofrecen respuesta a las preguntas ¿Qué es una Retrospectiva Ágil? y ¿Por qué hacemos retrospectivas?. Estas respuestas te ayudarán a comprender el propósito de las retrospectivas y a motivar a la gente a hacerlas.

El capítulo El Valor de Negocio de las Retrospectivas Ágiles explica por qué las organizaciones deben invertir en las retrospectivas y lo que pueden hacer para obtener más valor de negocio de las mismas.

El capítulo Prerrequisitos para las Retrospectivas describe cómo puedes preparar a tu organización para hacer retrospectivas y discute las habilidades que los facilitadores de retrospectivas necesitan tener.

El capítulo Diseñando una Retrospectiva explica por qué necesitas diferentes ejercicios para las retrospectivas, cómo se puede diseñar una retrospectiva que sea valiosa para un equipo dada su situación y lo que puedes hacer para desarrollar tu propia caja de herramientas de ejercicios.

La parte principal de este libro es el capítulo con muchas prácticas Ejercicios de Retrospectivas que puedes utilizar para facilitar retrospectivas con tus equipos. Cada vez que realices una retrospectiva y no sepas qué ejercicio hacer puedes elegir uno de los muchos ejercicios de este capítulo.

El capítulo Beneficios de las Retrospectivas te da ideas sobre lo que los equipos Ágiles pueden esperar al hacerlas.

La adopción de Retrospectivas Ágiles describe lo que puedes hacer para introducir retrospectivas en tu organización y cómo puedes mejorar la forma de hacerlas.

Obteniendo valor de las Retrospectivas Ágiles no pretende enseñarte la teoría que hay detrás de las retrospectivas. Para ello hay libros como *Agile Retrospectives* de Esther Derby y Diana Larsen y *Project Retrospectives* de Norman Kerth (véase la Bibliografía para una lista completa de libros y enlaces).

Con un montón de ejercicios para tu caja de herramientas personal de retrospectivas, este libro te ayudará a ser más competente al hacer retrospectivas. Aquí tienes más.

# ¿Qué es una Retrospectiva Ágil?

El manifiesto Ágil propone que un "equipo reflexione sobre cómo ser más eficaces". Las retrospectivas Ágiles pueden ser utilizadas por los equipos para inspeccionar y adaptar su forma de trabajar.

Al final de una iteración normalmente se llevan a cabo dos reuniones: la revisión del *sprint* (o demo) que se centra en recoger la opinión sobre el producto y analizar la forma de continuar, y la retrospectiva que se centra en el equipo y los procesos que son utilizados para entregar el software. El objetivo de las retrospectivas es ayudar a los equipos a mejorar continuamente su forma de trabajar. Este libro trata sobre la realización y mejora de las retrospectivas.

Una retrospectiva Ágil o retrospectiva del *sprint* como *Scrum* lo llama, es una práctica utilizada por los equipos para reflexionar sobre su forma de trabajar para llegar a ser cada vez mejores en lo que hacen.

El 12° principio Ágil dice:

> A intervalos regulares el equipo reflexiona sobre cómo ser más efectivo para a continuación ajustar y perfeccionar su comportamiento en consecuencia.

Todos los miembros del equipo asisten a la reunión de retrospectiva donde "inspeccionan" cómo ha ido la iteración y deciden qué mejorar y cómo quieren "adaptar" su manera de trabajar y de comportamiento. Las retrospectivas son una forma eficaz de avanzar hacia la mejora en ciclos cortos.

El facilitador de la retrospectiva, con frecuencia el *Scrum Master*, debe tener una caja de herramientas de posibles ejercicios de retrospectivas y debe ser capaz de escoger el más eficaz, dada la situación en cuestión.

Normalmente una reunión de retrospectiva comienza comprobando el estado de las acciones de la retrospectiva anterior para ver si están terminadas y para tomar medidas en caso de que no se hayan terminado y todavía se necesiten. Las acciones obtenidas de una retrospectiva se comunican y se llevan a cabo en la siguiente iteración.

Para asegurar que las acciones de una retrospectiva se hacen, éstas se pueden, por ejemplo, añadir a la pila de producto como historias de usuario, introducirlas en el juego de planificación y ponerlas en el tablero de planificación para que se mantengan visibles al equipo.

# ¿Por Qué Hacemos Retrospectivas?

Las organizaciones necesitan mejorar para mantenerse en el negocio y continuar entregando valor. La mejora organizativa clásica utiliza programas (grandes) que llevan demasiado tiempo y son a menudo ineficientes e ineficaces. Necesitamos descubrir mejores formas de mejorar y las retrospectivas pueden proporcionar la solución.

La estupidez, se dice, es hacer las mismas cosas y esperar resultados diferentes. Si quieres entregar más valor a tus clientes, tienes que cambiar la forma en que haces tu trabajo. Es por eso que muchos equipos ágiles utilizan retrospectivas: ¡para ayudarles a resolver problemas y mejorar por sí mismos!

¿Qué es lo que hace diferente a las retrospectivas de los programas de mejora tradicionales? Son los beneficios que los equipos pueden obtener por hacerlas. El equipo es dueño de la retrospectiva Ágil. Puede centrarse en aquello donde ve la necesidad de mejorar y resolver los impedimentos que obstaculizan su progreso. Las retrospectivas Ágiles dan el poder al equipo, ¡que es a quién pertenece! Cuando los miembros del equipo se sienten empoderados hay más aceptación del grupo para hacer las acciones lo que conduce a menor resistencia a los cambios que se necesitan para las acciones que salen de una retrospectiva.

Otro beneficio es que el equipo no sólo consensúa las acciones en una retrospectiva sino que también las lleva a cabo. No hay transferencia, ¡es el equipo el que impulsa sus propias acciones! Analizan lo que pasó, definen las acciones y los miembros del equipo llevan a cabo el seguimiento. Pueden implicar al dueño de producto y a los usuarios en las acciones de mejora cuando sea necesario, pero es el equipo el que mantiene el control de las acciones. Esta manera de tener equipos liderando su propio viaje de mejora es mucho más eficaz y también más rápida y más barata que tener acciones transferidas entre el equipo y otras personas de la organización.

*(BL)* Mi experiencia es que muchos de los hallazgos de una retrospectiva tienen que ver con cómo las personas colaboran y se comunican. Las habilidades sociales son importantes en las TI; los desarrolladores de software y los técnicos de pruebas son humanos y se comunican. Pero, como todo el mundo, a veces tienen malos entendidos, no son claros o no escuchan cosas. Las retrospectivas se pueden utilizar para establecer y mantener equipos y para ayudarles a ser más fuertes. Puedes utilizar diferentes ejercicios de retrospectivas para explorar cuestiones sobre el trabajo en equipo y la comunicación. El *coaching* y la tutoría ayudan a los miembros del equipo a ver donde fueron mal las cosas y a mejorar, y las retrospectivas proporcionan información valiosa.

Este tipo de beneficios explica por qué las retrospectivas son uno de los factores de éxito para utilizar y beneficiarse de *Scrum*.

# El Valor de Negocio de las Retrospectivas Ágiles

Las retrospectivas Ágiles ayudan a tus equipos a aprender y mejorar y, de hecho, incrementan el valor de negocio a sus clientes y a la empresa. Pueden hacer a tu organización más rápida, más eficiente e innovadora.

Algunas cosas que puedes hacer en las retrospectivas para mejorar el valor de negocio son:

- Asegúrate de que el equipo es consciente de que buscamos acciones que puedan empoderar a los equipos. Un beneficio de las retrospectivas es que las acciones son definidas y realizadas por el equipo.
- Céntrate en el aprendizaje y la comprensión en lugar de culpar. Puedes utilizar la directiva principal para establecer una cultura positiva para mejorar.
- Limita el número de impedimentos y los elementos de acción que se investigan en las retrospectivas. Es mejor tener un par de acciones de alta calidad que muchas acciones con el riesgo de que no se hagan. Trata de cambiar sólo una cosa a la vez.
- Utiliza las reglas de oro para la mejora de procesos Ágiles para ayudar a los equipos a trabajar juntos de una manera fluida, eficiente y positiva al tiempo que mejoran su forma de trabajar.
- Concéntrate en los problemas claramente definidos y ayuda a los equipos a encontrar acciones de mejora que sean importantes para ellos y les permita hacer su trabajo mejor. Utiliza retrospectivas para dar poder a tus equipos y empoderar a tus profesionales.

- Utiliza el análisis de causa raíz para encontrar las causas (no los síntomas) de los problemas. A continuación, define las acciones para prevenir que vuelvan a ocurrir. Cuando la gente entiende los problemas y sus causas, a menudo están más motivados para trabajar en ellos.
- Haz el seguimiento y evalúa el progreso de las acciones para ayudar al equipo a entender por qué algunas acciones funcionaron y otras no (aprendizaje de doble bucle) y haz visible el progreso.
- Utiliza diferentes ejercicios en las retrospectivas en función de los temas en cuestión, la mentalidad del equipo, etc. Asegúrate de que tienes una caja de herramientas de técnicas de retrospectivas. En caso de duda sobre qué hacer ¡prueba algo nuevo!.

Si las retrospectivas se hacen con frecuencia, donde cada uno analiza lo que ocurrió en la iteración y define las acciones para mejorar, entonces éstas van a conducir a la mejora continua con un considerable valor de negocio a largo plazo.

# Prerrequisitos para las Retrospectivas

En *Agile Coaching*, Rachel Davies y Liz Sedley exploran cómo las retrospectivas proporcionan una forma de que los miembros del equipo se comprometen mediante la mejora de sus procesos en respuesta directa a los problemas que enfrentan. Desafortunadamente, es común encontrar equipos que ya han probado las retrospectivas y han renunciado. Entonces, ¿dónde está el problema? Las retrospectivas de éxito necesitan varios elementos que deben estar presentes y éste es el tema que queremos abordar.

En *Project Retrospectives*, Norman Kerth discute cinco requisitos importantes para una retrospectiva de éxito: "la necesidad de ritual", "nombrar el proceso", "directiva principal de una retrospectiva", "el lado más oscuro de las retrospectivas" y "el facilitador de la retrospectiva".

### La necesidad de ritual

Por lo general, los seres humanos no se detienen a reflexionar durante la mayoría de los proyectos. Ésta no es una actividad natural y es por eso por lo que es tan importante para la formalización de un comportamiento y así convertirlo en un ritual. Los rituales unen a la gente, les permite centrarse en lo importante y reconocer eventos o logros significativos. Es extremadamente importante no utilizar una retrospectiva para identificar las partes puramente negativas de un proyecto. Cada proyecto ofrece resultados positivos y éstos se deben celebrar como cualquier otra pequeña victoria.

Todo el mundo que está involucrado en un proyecto debe estar involucrado en la retrospectiva, ya que ésta ofrece un enorme potencial de aprendizaje, y no debe dejar fuera a ningún miembro del equipo. Otra razón por la que todos deben asistir es el hecho de que todo el mundo ve los problemas de diferentes maneras. Esta contribución es extremadamente importante en el diseño de mejores enfoques para el futuro.

### Nombrar el proceso

En nuestra industria, las retrospectivas tienen muchos nombres diferentes: *post mórtem*, posparto, posreparación del compromiso, etc. En el desarrollo Ágil de *software*, "retrospectiva" es el nombre popular actualmente. Es importante mencionar el proceso de una manera clara para que todo el mundo dentro y fuera del proceso lo entienda. Por lo general, un equipo sabe lo que significa, pero no es raro que la alta dirección entienda mal lo que está pasando. "Retrospectiva" es una palabra simple y explicativa.

### Directriz principal de una retrospectiva

Uno de los ingredientes básicos para una retrospectiva de éxito es el "factor de seguridad". La gente debe sentirse lo suficientemente cómoda para compartir sus problemas, sus opiniones y preocupaciones. Es común que los miembros del equipo se den cuenta de que las cosas no van tan bien como estaba previsto y, cuando esto ocurre, deben sentirse cómodos para hablar y sugerir diferentes maneras de abordar el problema. Norman explica en su libro algunas técnicas para crear un ambiente seguro dentro de los equipos. Además, explica que antes de iniciar una retrospectiva, deberíamos comunicar una directriz principal: "independientemente de lo que descubramos, debemos entender y creer de verdad que todo el mundo hace el mejor trabajo que él o ella podría, dado lo que se sabía en ese momento, sus habilidades y capacidades, los recursos disponibles y la situación actual".

Nosotros, personalmente, hemos utilizado esta idea varias veces y podemos garantizar que funciona.

### El lado más oscuro de las retrospectivas

Hemos visto diversas retrospectivas que se transforman en sesiones de quejas. Es común cuando una retrospectiva no se llevó bien. Es importante comprender las razones de las quejas y esto puede revelar muchos problemas, pero si una sesión de quejas se sale de control puede arruinar la retrospectiva completa.

Las personas no se quejan con malas intenciones. Ellos simplemente exteriorizan lo que les está afectando. Tienen necesidades que no se están cumpliendo y necesitan expresar sus emociones. Los problemas ocurren cuando el receptor se deja intimidar por la denuncia e inmediatamente entra en modo defensivo y contraataca. Esto puede dar lugar a una retrospectiva no productiva. Si todas las retrospectivas terminan de esta manera, la gente empieza a ver las retrospectivas como inútiles y va a dejar de asistir a ellas.

Una de las técnicas que utilizamos es pedir que la gente exprese sus pensamientos como deseos en lugar de acusaciones. Esto cambia el tono de voz y crea un entorno seguro, y tener un entorno seguro es una de las cosas más importantes para una retrospectiva de éxito.

### El facilitador de la retrospectiva

Todos los temas anteriores son muy importantes, pero sin un buen facilitador, una retrospectiva muy probablemente será un desastre. Convertirse en un buen facilitador requiere experiencia, formación y una gran cantidad de autoestudio. Antes de iniciar una retrospectiva, el facilitador debe tener una idea clara sobre lo que quiere obtener de esa sesión. Un facilitador experimentado será capaz de hacer eso, pero los facilitadores con menos experiencia puede requerir la ayuda de facilitadores más experimentados. Cada retrospectiva aborda diferentes problemas. El truco es encontrar los ejercicios adecuados para resolver los problemas correctos.

Los facilitadores menos experimentados deben comenzar con pequeños proyectos donde las personas se conocen desde hace tiempo y ya han trabajado juntos. Otra buena opción para los nuevos facilitadores es emparejarse o aprender con un facilitador con más experiencia. El facilitador júnior puede aprender bajo la tutela del líder maduro en tiempo real. Con la experiencia, la gente puede considerar problemas más grandes y equipos más grandes. Convertirse en un buen facilitador requiere tiempo y esfuerzo. No te apresures o correrás el riesgo de un resultado no deseado.

# Diseñando una Retrospectiva

Como facilitador de la retrospectiva es importante contar con una caja de herramientas de ejercicios de retrospectivas que puedas utilizar para diseñar una retrospectiva. Esta caja de herramientas te ayuda a poder facilitar retrospectivas que generen más beneficios a los equipos con los que trabajas.

### ¿Por qué ejercicios diferentes de retrospectivas?

Los equipos son diferentes y también las cosas que tienen que ver con los equipos pueden ser diferentes en cada iteración. Es por eso que no hay un único ejercicio de retrospectiva que siempre dé los mejores resultados. Antes de iniciar una retrospectiva, es necesario pensar acerca de qué ejercicios serán los más apropiados.

Existe el riesgo de que los equipos se aburran cuando siempre están haciendo retrospectivas de una manera similar. Una solución a esto es introducir una variación usando diferentes ejercicios de retrospectiva.

### Selección de ejercicios de retrospectivas

El propósito de la selección de ejercicios de retrospectivas es diseñar un reunión de retrospectiva que aporte valor de negocio. El valor viene de hacer una retrospectiva que identifique las cosas más importantes que un equipo quiere para trabajar en la mejora de su proceso (por cierto, un proceso es "la forma en que trabajamos aquí").

Pero ¿qué es lo más importante?. Puede ser el mayor, más frecuente impedimento que tiene tu equipo. Puedes hacer un análisis de causa raíz para entenderlo y definir acciones eficaces. Tal vez algo está perturbando la atmósfera de tu equipo y no puede ser aislado, en cuyo caso la "Retrospectiva de Una Palabra" podría ayudar.

O podría ser encontrar la razón por la que la iteración actual ha fallado o por qué fue un éxito tan grande. Podrías investigar cómo utilizar las fortalezas que tus profesionales ya tienen para mejorar aún más.

**Estructura de una retrospectiva**

El libro *Agile Retrospectives* de Esther Derby y Diana Larsen describe las actividades en que típicamente consiste una retrospectiva:

1. Preparar el escenario.
2. Recopilar datos.
3. Generar percepción sobre los hechos.
4. Decidir qué hacer.
5. Cerrar la retrospectiva.

Puedes utilizar los ejercicios de retrospectiva que se describen en este libro para diseñar una retrospectiva que comprenda estas actividades. Por ejemplo, un ejercicio Retrospectiva de Una Palabra o Constelación se puede utilizar para establecer el escenario combinado con el ejercicio Velero o Cinco veces Por Qué para recopilar datos y generar ideas. Los ejercicios como Encuesta de Evaluación del Equipo o Retrospectiva basada en las Fortalezas pueden ayudar a decidir qué hacer.

Las retrospectivas se utilizan para mejorar continuamente, ayudando así a tus equipos y a la organización a ser más Ágiles y Lean. Puedes planificar una reunión de retrospectiva y pensar en los ejercicios que deseas utilizar, pero siempre estar abierto a cambiarlos cuando sea necesario, por lo que tener una caja de herramientas de ejercicios es importante.

**¡Desarrolla tu propia caja de herramientas!**

Nuestro consejo a los facilitadores de retrospectivas es aprender muchos ejercicios de retrospectiva diferentes. La mejor manera de aprenderlas es haciéndolas. Practica un ejercicio, reflexiona cómo ha ido, aprende y mejora el mismo. Es posible que necesites un ejercicio específico un día, así que, ¡asegúrate que estás preparado!

Este libro te ofrece muchos ejercicios de retrospectivas diferentes que puedes utilizar para diseñar retrospectivas.

# Ejercicios de Retrospectivas

El uso de diferentes tipos de ejercicios ayuda a obtener el máximo provecho de las retrospectivas. Las siguientes secciones describen los ejercicios que puedes utilizar para hacer retrospectivas.

Los ejercicios de retrospectivas que se describen en este capítulo son:

- Un ejercicio fácil, pero poderoso es Haciendo Preguntas. Hay muchas preguntas diferentes que puedes hacer. El truco está en escoger aquellas que ayuden al equipo a obtener una visión sobre los principales y más urgentes impedimentos e identificar posibles mejoras. Así, mediante preguntas más detalladas, se permitirá que el equipo pueda sumergirse en profundidad dentro de la retrospectiva.
- Estrella de Mar es una variante del ejercicio "¿qué salió bien?, ¿qué no fue tan bien?, ¿qué se puede mejorar?". El ejercicio utiliza un círculo con 5 áreas para reflejar qué actividades el equipo debe dejar de inmediato, qué actividades el equipo debe continuar con un papel reducido, qué actividades deben mantenerse, qué actividades deberían desempeñar un papel más importante en el futuro y cuáles son las actividades que el equipo debe comenzar.
- El Velero es un ejercicio para recordar al equipo su objetivo, el producto que necesitan entregar, los riesgos que podría enfrentar, lo que ralentiza y, lo más importante, lo que les ayuda a ofrecer un gran software. Utiliza una metáfora de un barco, rocas, nubes e islas.
- Cuando hay problemas en un equipo que se necesitan debatir, puedes hacer una Retrospectiva de Una Palabra. Comienzas

preguntando a cada miembro del equipo cómo se sienten sobre la pasada iteración en una sola palabra. Estas palabras se utilizan para hablar de temas que de otra manera no podrían alcanzar la superficie.

- Un miembro del equipo puede evaluar su desempeño como equipo, indicando la Marca de Automóvil que asocia con la iteración. Esto permite a todos compartir sus opiniones sobre la iteración y llegar a los temas que se pueden mejorar.

- Los estados de ánimo de los miembros del equipo se ven a menudo afectados por los problemas a los que se enfrentan mientras trabajan juntos. Contar con miembros del equipo que compartan sus sentimientos en una retrospectiva usando el Índice de Felicidad ayuda a identificar posibles mejoras. Este ejercicio utiliza una representación gráfica de las emociones de los miembros del equipo.

- Si hay problemas importantes que un equipo quiere evitar en el futuro, se puede utilizar Cinco Veces Por Qué. Este ejercicio utiliza el análisis de causa raíz para llegar a las causas profundas de los problemas y para definir acciones que los traten.

- El ejercicio Constelación se puede utilizar para visualizar si los miembros del equipo están de acuerdo o en desacuerdo acerca de temas relevantes. Es una apertura que se puede utilizar para ayudar a los equipos a que se sientan cómodos y hablar libremente sobre cualquier tema.

- La Encuesta de Evaluación del Equipo permite que los equipos hagan una introspección en las diferentes áreas, por ejemplo: el rendimiento del dueño de producto, gestión de las actividades dentro de la iteración, el espíritu de equipo dentro del equipo y la aplicación de las mejores prácticas técnicas. Este ejercicio se basa en la encuesta de evaluación del equipo del *Scaled Agile Framework*.

- Una Retrospectiva Basada en las Fortalezas visualiza las fortalezas que los miembros del equipo y los equipos tienen usando un enfoque centrado en la solución. Ayuda a explorar formas de utilizar las fortalezas como una solución a los problemas a los que los equipos se enfrentan.

- Un Árbol de Alto Rendimiento es una metáfora que se utiliza para ayudar a los equipos a trazar una visión y definir el destino a donde quieren ir. Al mismo tiempo señala lo que se necesita para que los equipos alcancen su visión. Este ejercicio se basa en la retrospectiva de Árbol de Alto Rendimiento originalmente creado por Lyssa Adkins.
- Cuando los equipos hayan madurado, el Mapa del Flujo de Valor es un ejercicio que puede ayudar a entender sus dificultades y encontrar maneras de mejorar. El ejercicio visualiza la forma en que el equipo desarrolla software. Revela dependencias y muestra desperdicios en el proceso de desarrollo de software.
- Cuando tienes un proyecto Ágil con varios equipos se puede hacer una Retrospectiva de Retrospectivas para mejorar la colaboración entre equipos. Esta es una forma efectiva de compartir aprendizajes a través de un proyecto y para resolver los problemas a los que el proyecto se enfrenta.

### ¿Cómo se describen los ejercicios?

Todos los ejercicios de retrospectivas se describen con el siguiente formato:

- *Qué puedes esperar obtener de este ejercicio*: Los resultados potenciales que este tipo de retrospectiva pueden darte y los beneficios de usar este ejercicio de retrospectiva.
- *Cuándo deberías utilizar este ejercicio*: Situaciones donde este ejercicio de retrospectiva puede ser más útil.
- *Cómo hacerlo*: Una descripción detallada del ejercicio y la forma de aplicarlo.

# Haciendo Preguntas

Uno de los ejercicios de uso frecuente en las retrospectivas Ágiles es hacer preguntas al equipo y recoger y consolidar las respuestas. Los resultados pueden ser utilizados para definir acciones de mejora que el equipo puede hacer en la próxima iteración.

### Qué puedes esperar obtener de este ejercicio

Hacer preguntas ayuda a los equipos que acaban de comenzar a reflexionar y mejorar su forma de trabajo para convertirlo en Ágil y Lean. El hecho de darse cuenta de que pueden obtener acciones retrospectivas motiva a los equipos a aprender y mejorar continuamente.

Puedes ayudar a equipos maduros con preguntas más detalladas y enfocadas que les permitirán ajustar su forma de trabajar.

### Cuándo deberías utilizar este ejercicio

Si nunca antes has facilitado una retrospectiva entonces hacer preguntas es una manera fácil de empezar. Dado que las preguntas pueden variar, también hay flexibilidad en las que se utilizan en situaciones diversas.

### Cómo hacerlo

Con un equipo que es nuevo en las retrospectivas puedes utilizar las cuatro preguntas clave que han sido definidas por Norman Kerth:

- ¿Qué hicimos bien y qué podemos olvidar si no lo discutimos?
- ¿Qué hemos aprendido?
- ¿Qué debemos hacer diferente la próxima vez?
- ¿Qué nos desconcierta todavía?

Las cuatro preguntas retrospectivas suelen ser muy eficaces. Preguntar "¿qué debemos hacer diferente la próxima vez?" insta a los miembros del equipo a buscar las cosas que quieren cambiar. Suele ser útil para facilitar la discusión, para averiguar por qué un proceso se tiene que cambiar y para construir una comprensión compartida y un compromiso para las acciones que el equipo va a hacer.

"¿Qué hemos hecho bien?" es un enfoque centrado en la solución que se puede utilizar en una Retrospectiva Basada en las Fortalezas. La adición de "si no comentamos podríamos olvidar" hace esta pregunta aún más fuerte; si algo bueno sucedió por accidente, eso es genial, pero ¿qué puedes hacer para asegurarte que se va a seguir haciendo?

La pregunta "¿qué nos desconcierta todavía?" puede proporcionar información útil al revelar las cosas que habían permanecido sin hablar anteriormente. Si las cosas están así, una Retrospectiva de Una Palabra se puede utilizar para tratar con las emociones del equipo. Preguntar "¿Qué hemos aprendido?" hace que la gente tome conciencia de que para llegar a ser mejor tendrá que aprender. Si esta pregunta no da lugar a respuestas en varias retrospectivas consecutivas, puede ser una señal de que el equipo no está tratando suficientes cosas nuevas. Eso es algo en lo que puedes profundizar utilizando el análisis de causa raíz.

Hacer preguntas es un ejercicio que es fácil de aprender, pero la eficacia depende de las preguntas que hagas al equipo. (*BL*) Trabajando con equipos Ágiles y no Ágiles, he estado haciendo las evaluaciones de proyectos, auditorías, evaluaciones utilizando CMMI y People-CMM, retrospectivas y muchos otros tipos de sesiones de realimentación. Las preguntas que siguen son una mezcla basada en estos marcos de trabajo, pero redactadas de tal manera que puedas hacerlas en una retrospectiva Ágil para ayudar a los equipos a encontrar cosas que pueden mejorar.

Ejemplos de preguntas:

- ¿Qué os ayuda a tener éxito como un equipo?
- ¿Cómo lo hicisteis?
- ¿Dónde y cuándo os fue mal en esta iteración?

- ¿Qué esperáis?, ¿de quién?
- ¿Qué herramientas o técnicas se han demostrado útiles? ¿cuáles no?
- ¿Cuál es vuestro mayor impedimento?
- Si pudierais cambiar una cosa, ¿cuál sería?
- ¿Qué causa los problemas que tuvisteis en esta iteración?
- ¿Hay cosas que podáis hacer sobre estas causas?
- ¿Qué es lo que necesitáis de la gente fuera del equipo para resolver los problemas?

El truco es escoger las preguntas que ayuden al equipo a obtener una perspectiva de los principales problemas que están teniendo y las preguntas que les ayuden a visualizar su potencial de mejora.

Utiliza preguntas abiertas para obtener respuestas que proporcionen más información y utiliza preguntas de seguimiento para ayudar a los equipos a obtener una idea de lo que pasó. Pide ejemplos para hacer las situaciones concretas, resume las respuestas para construir un entendimiento común en el equipo y llegar a acciones que el equipo va a hacer.

# Estrella de Mar

El ejercicio Estrella de Mar es una evolución de las tres preguntas típicas que se utilizan para las retrospectivas: ¿qué ha ido bien? ¿qué no fue tan bien? ¿qué se debe mejorar?

### Qué puedes esperar obtener de este ejercicio

Este ejercicio ayuda a identificar los problemas y las oportunidades para el equipo. En lugar de las tres preguntas típicas tenemos un círculo con cinco palabras:

- *Parar* - Estas actividades no aportan valor a un equipo o cliente; actividades que traen desperdicios en el proceso.
- *Menos de* - Estas son las actividades que requieren un alto nivel de esfuerzo y producen pocos beneficios. También pueden ser actividades que se habían traído al equipo en el pasado, pero que no condujeron a ninguna mejora general para un proceso.
- *Mantener* - Por lo general, estas son buenas actividades o prácticas que los miembros del equipo quieren mantener. Estas actividades ya se están aplicando.
- *Más de* - Actividades en las que un equipo debe concentrarse y llevar a cabo con más frecuencia. Por ejemplo, muchos equipos me dicen que la programación en parejas es útil. Sin embargo, no tienen que hacerlo cada vez.
- *Empezar a* - Actividades o ideas que un equipo quiere poner en juego.

Con este ejercicio, los equipos pueden obtener una visión global de lo que está pasando dentro del equipo, lo que está funcionando y lo que no. Pueden obtener una visión general sobre los fracasos así como sobre los éxitos en el pasado. *(LG)* En mi opinión personal, creo que esta es una gran evolución de las tres preguntas retrospectivas típicas.

## Cuándo deberías utilizar este ejercicio

Creo que esta sencilla técnica no requiere una ocasión especial. Podría ser interesante para situaciones en las que un equipo pasa por altibajos durante la iteración. Esta técnica revela las buenas acciones, así como las observaciones menos positivas que el equipo ha realizado, por lo que podría ser una buena herramienta para resumir la iteración.

Estrella de Mar es adecuado para cualquier equipo. No requiere ningún nivel específico de madurez.

## Cómo hacerlo

Esta retrospectiva es fácil de hacer. Primero, dibuja esta imagen:

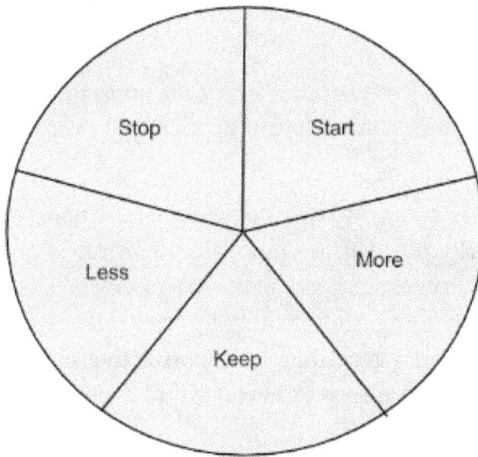

**Estrella de Mar**

Una de las bellezas de este ejercicio es el hecho de que un equipo no necesita estar en el mismo lugar. Por ejemplo, puedes utilizar herramientas como Lino para aplicar el ejercicio con personas en distintos lugares. Lino permite a los usuarios hacer todo lo necesario para realizar este ejercicio.

Después de dibujar el dibujo en un rotafolio es bueno iniciar una sesión de tormenta de ideas, permitiendo al equipo volcar sus ideas en la zona de Parar. Después de eso, dar dos o tres minutos a cada persona para que lea en voz alta las ideas en Parar y pasar 10 minutos en una breve discusión para ver si todo el mundo está alineado.

Repite el ejercicio para Menos de, Mantener y Más de.

Para Empezar agrega un paso adicional. Utiliza el enfoque de Toyota, elige un solo tema para discutir. Puedes realizar una votación para ver lo que el equipo considera que es el tema más importante para empezar. Una vez seleccionado el tema, diseña una pequeña estrategia para asegurarte de que el tema está bien implementado. Esta estrategia podría incluir a las personas responsables, fechas de vencimiento y, lo más importante, los criterios de éxito. Con el fin de saber si la ejecución ha sido satisfactoria, debemos tener criterios de éxito.

Un tema que se elija en la parte Empezar no tiene que ser nuevo en un equipo. Puede ser una mejora de algo que no está funcionando bien.

El orden de los temas dentro del círculo es importante. *(LG)* Me gusta ordenarlos de este modo: Parar, Menos, Mantener, Más y terminar con Empezar. Creo que esto tiene un gran impacto. A partir de los temas negativos avanzar poco a poco hacia los positivos ayudará al equipo a terminar la retrospectiva con una sensación mucho más positiva que si lo hacen en un orden aleatorio.

# Velero

La razón por la que este ejercicio es tan interesante es el hecho de permitir que un equipo piense en sus propios objetivos, obstáculos, riesgos y buenas prácticas, en un simple trozo de papel.

*(LG)* Aprendí este ejercicio hace unos años cuando trabajé con Vasco Duarte. Recientemente, vi una actualización del blog de Pedro Gustavo. Desde mi experiencia, esta técnica es bien recibida por los equipos debido a su sencillez.

**Qué puedes esperar obtener de este ejercicio**

Este ejercicio ayuda a los equipos a definir una visión. Les ayuda a identificar los riesgos en su camino y les permite identificar lo que les frena y lo que realmente les ayuda a alcanzar sus objetivos.

**Cuándo deberías utilizar este ejercicio**

Esta técnica es sencilla y no requiere de una ocasión especial. Podría ser interesante para las retrospectivas realizadas con más de un equipo. *(LG)* Tuve una situación, no hace mucho tiempo, cuando dos equipos trabajaban juntos. Debido a su nivel de dependencia, decidieron llevar a cabo una retrospectiva común para resolver algunos asuntos en curso. Usando este ejercicio, pusimos los nombres de los dos equipos en el Velero y nos recordó a todos que estamos en el mismo barco, yendo en la misma dirección.

Esta técnica revela todas las cosas buenas y las menos positivas. Permite al equipo identificar posibles riesgos y les recuerda dónde tienen que ir como un equipo.

El ejercicio del Velero es adecuado para cualquier equipo. No requiere ningún nivel específico de madurez.

Al igual que con muchos otros ejercicios, este ejercicio no requiere que el equipo esté en el mismo lugar.

## Cómo hacerlo

Dibuje un velero, rocas, nubes y un par de islas, como se muestra a continuación:

**Velero**

Las islas representan las metas / visión del equipo. Trabajan todos los días con el fin de llegar a estas islas. Las rocas representan los riesgos que pueden encontrar en el camino. El ancla del barco es todo lo que les ralentiza en su viaje. Las nubes y el viento representan todo lo que les ayuda a alcanzar su meta.

Con el dibujo en la pared, anota las visiones o metas del equipo. Inicia una sesión de tormenta de ideas en la que el equipo vuelque sus ideas en las diferentes áreas de acuerdo a la imagen. De al equipo 10 minutos para escribir sus ideas sobre post-its. Después, de a cada uno cinco minutos para leer sus ideas en voz alta.

En este punto, discute con el equipo cómo pueden seguir practicando lo que está escrito en el área de las nubes / viento. Estas son las buenas ideas que ayudan al equipo y que necesitan para continuar con ellos. A continuación, discute cómo el equipo puede mitigar los riesgos identificados.

Por último, permite que el equipo seleccione el impedimento más importante que les ralentiza. Si no hay acuerdo dentro del equipo sobre qué tema a tratar, puedes utilizar la votación por puntos. Al final el equipo define los pasos a seguir a fin de solucionar el problema y concluye la retrospectiva.

# Retrospectiva de Una Palabra

La Retrospectiva de Una Palabra ayuda a los equipos a tratar con sentimientos. Representa un registro en el que cada miembro del equipo resume en una palabra cómo se siente acerca de la última iteración y del equipo. Al discutir estas palabras individuales el equipo llega a acuerdos sobre los principales problemas con los que ha tropezado y decide qué acciones va a tomar para resolverlos.

### Qué puedes esperar obtener de este ejercicio

Para el equipo, esta es una forma efectiva de discutir lo que les está obstaculizando y llegar a un acuerdo sobre cómo hacer frente a los impedimentos. Puedes usar este ejercicio para aumentar la comprensión y el respeto mutuo en el equipo y mejorar la colaboración. Se puede enseñar a los miembros del equipo a expresarse mejor y encontrar maneras de lidiar con los sentimientos, tanto positivos como negativos.

### Cuándo deberías utilizar este ejercicio

Utiliza este ejercicio cuando haya temas sensibles dentro de un equipo que necesitan ser discutidos. Por ejemplo, cuando un equipo está luchando con la forma en que colabora o si los conflictos y fricciones personales entre los miembros del equipo están obstaculizando el espíritu de equipo, esta sería una buena retrospectiva a llevar a cabo.

También se puede hacer el ejercicio de Retrospectiva de Una Palabra como un ejercicio de entrada para conseguir que los miembros del equipo estén listos para una retrospectiva. ¡Si el equipo está teniendo problemas importantes, este registro de una palabra y la discusión que sigue puede llegar a ser toda la retrospectiva!

### Cómo hacerlo

Haz que cada miembro del equipo muestre en una palabra cómo se siente sobre la iteración pasada. Repite cada palabra y escribe todas en un rotafolio visible para todo el mundo. A continuación, empieza a preguntar por qué se sienten de esa manera. Utiliza las palabras exactas mencionadas por los miembros del equipo para tener una discusión en la que los miembros del equipo expresen sentimientos que de otra manera no llegarían a aflorar.

Trabaja en pro de un entendimiento compartido con el equipo y lista los temas más importantes. A continuación, consulta con los miembros del equipo e identifica si hay acuerdo. Pregunta al equipo qué acciones piensan tomar en la próxima iteración para resolver esos problemas.

Una variante de este ejercicio es el uso de imágenes de revistas, de la web o hacer que los miembros del equipo dibujen una imagen para representar cómo se sienten acerca de cómo van las cosas en el equipo.

Para ser capaz de hacer una Retrospectiva de Una Palabra necesitas:

- Establecer confianza y franqueza.
- Respetar a las personas y sus sentimientos.
- Ser capaz de hacer frente a los problemas.

La confianza es importante en cualquier retrospectiva, más aún cuando se trata de sentimientos y emociones de personas. Los miembros del equipo necesitan sentirse seguros para hablar abiertamente sobre temas y expresar lo que sienten. Como facilitador tienes que dejar claro que lo que se diga se mantendrá dentro del equipo. Corresponde al equipo elegir lo que quieren hacer con los resultados, incluso si deciden que no quieren entrar en acción.

Como facilitador, tienes que respetar las opiniones de los miembros del equipo y asegurarte de que se respetan mutuamente. Si la gente comienza a culpar o acusar a los demás, por favor, recuérdales que el propósito de una retrospectiva es entender lo que pasó y aprender de ello. Recuérdales la directiva principal de una retrospectiva.

Por último, es importante hacer frente a cuestiones que han salido a relucir. Las personas llegan y toman riesgos al discutirlos. Tienen que sentirse recompensados por el hecho de que el equipo hace algo con ellos. Los miembros del equipo tienen que salir de la sala con la sensación de que se les ha escuchado y entendido. Y deben sentir que tienen fuerza para resolver los problemas juntos como un equipo.

# Marca de Automóvil

Una de las partes importantes de una retrospectiva exitosa es una apertura interesante. Tenemos que preparar el escenario, lo que permite que un equipo se sienta cómodo al hablar libremente sobre cualquier tema.

### Qué puedes esperar obtener de este ejercicio

A pesar de que este ejercicio es simple, ofrece una gran cantidad de información que se puede utilizar para ejecutar una retrospectiva completa. Permite a las personas mostrar cómo se sienten acerca de cómo fue la iteración sin expresar deliberadamente su opinión. Esto es especialmente importante cuando el equipo es nuevo y cada uno de los miembros aún no se siente cómodo expresando sus sentimientos abiertamente.

### Cuándo deberías utilizar este ejercicio

Este ejercicio no requiere de circunstancias especiales. Ayuda a revelar las opiniones de los individuos, lo que permite que todos tengan un entendimiento común de lo que los otros piensan. Esto es importante porque los miembros del equipo deben estar alineados.

### Cómo hacerlo

Cuando comience la retrospectiva, haz una simple pregunta al equipo: "Si piensas en esta iteración como una marca de automóviles, ¿que marca escogerías?" Puedes explicar, por ejemplo, que si la iteración fue perfecta, muy probablemente todo el mundo elegiría un Ferrari. Si la iteración tuvo varios altibajos, tal vez un Fiat sería más adecuado. Dales dos o tres minutos para pensar en una marca apropiada.

Cuando creas que todo el mundo ha tenido tiempo suficiente para decidir, invítalos a revelar su automóvil, uno por uno. No entres en la discusión en este punto. La gente va a tener tiempo para justificar sus elecciones más tarde en la retrospectiva. Permite que todos escuchen la primera elección de cada miembro. Esto proporcionará una perspectiva general sobre dónde está el equipo. Después de esto, da a los miembros del equipo 10 minutos para pensar acerca de cómo cambiarían la pasada iteración con el fin de convertirla en el automóvil de sus sueños.

La gente va a llegar a docenas de cambios, pero la experiencia nos dice que muchos de ellos serán los problemas comunes. Como facilitador debes tratar de clasificarlos en grupos. Pide al equipo utilizar, por ejemplo, la votación por puntos para seleccionar el cambio más importante que les gustaría ver en la próxima iteración.

Para este ejercicio, el tema era la marca de automóviles, pero se puede usar cualquier cosa que tenga sentido para ti. Los miembros del equipo pueden estar desperdigados por todo el mundo y continúan siendo capaces de realizar este ejercicio utilizando herramientas virtuales.

# Índice de Felicidad

Las emociones son una parte crucial de nuestra vida diaria. Ser capaz de conectar las emociones a eventos es una gran manera de entender lo que ocurre a nuestro alrededor. El Índice de Felicidad es una combinación de "desarrollar una línea del tiempo" y "sismógrafo de emociones" de Norman Kerth.

**Qué puedes esperar ontener de este ejercicio**

El propósito de este ejercicio es dibujar una representación gráfica de las emociones de los miembros del equipo durante las iteraciones mediante la conexión de sus emociones a los acontecimientos que sucedieron en esta. Con este tipo de información, el equipo puede identificar lo que afecta al rendimiento durante la iteración. Conocer estas causas directas puede ayudar a un equipo a resolver problemas en el futuro. Por ejemplo, si el servidor de compilación causa problemas, muy probablemente el equipo se frustrará por la imposibilidad de continuar con el trabajo y el estado de ánimo general decaerá. El equipo puede analizar el problema y encontrar soluciones para hacer frente a problemas similares en el futuro. Del mismo modo, si el equipo se siente positivo acerca de una pequeña victoria, ¿por qué no aplicar la misma técnica para tener éxito con problemas similares en el futuro?

**Cuándo deberías utilizar este ejercicio**

Esta técnica puede ser adecuada para situaciones en las que un equipo experimenta muchas emociones diferentes dentro de la iteración y desea analizar las consecuencias. También es un buen ejercicio para utilizar cuando el equipo tiene varios retos dentro de la iteración y le gustaría entender mejor cuándo y cómo surgieron los problemas.

El Índice de Felicidad es adecuado para cualquier equipo, independientemente de su nivel de madurez.

## Cómo hacerlo

Para realizar este ejercicio, sólo necesitas una hoja de papel blanca y algunas notas adhesivas. Dibuja dos líneas de eje sobre la hoja, marcando el eje Y como positivo y negativo, mientras que el eje X marca el número de días en la iteración.

Hay dos maneras de hacer este ejercicio: dentro de la propia retrospectiva con todo el equipo o en pequeños incrementos a lo largo de la iteración.

Para la primera opción, crea pequeños grupos de dos o tres personas. Pídeles que hagan una lluvia de ideas acerca de todos los acontecimientos que se produjeron durante la iteración. Después, pídeles que grafiquen el nivel de emoción con respecto a los acontecimientos de la iteración. Cuando todos los grupos lo han hecho, crea una representación de todos los grupos pequeños en una sola gráfica. No te olvides de poner una explicación de cada emoción diferente.

Para realizar la segunda opción, cada miembro del equipo saca su propio nivel de emoción al final de cada día de trabajo. Este enfoque asegura que todos los eventos están cubiertos y no se olvidan.

De cualquier manera, el equipo va a producir una imagen fantástica de lo que sucedió durante la iteración. Con este tipo de información, un facilitador puede ayudar al equipo a identificar los eventos que deben ser repetidos y los eventos que causan retraso en el equipo. La raíz de los problemas se puede encontrar utilizando técnicas normales de análisis de causa raíz.

Con un poco de imaginación, este ejercicio se puede aplicar a equipos remotos, además de a los equipos no distribuidos.

# Cinco Veces Por Qué

La retrospectiva Cinco Veces Por Qué utiliza el análisis de causa raíz para identificar la causa más profunda de un problema. Ayuda a los equipos a definir acciones que puedan eliminar esos problemas.

**Qué puedes esperar obtener de este ejercicio**

Una retrospectiva Cinco Veces Por Qué ayuda a definir acciones efectivas para detener los problemas que ocurren de nuevo y evitar problemas similares en el futuro.

**Cuándo deberías utilizar este ejercicio**

Cuando los equipos han repetido los problemas en sus iteraciones y las retrospectivas parecen ser incapaces de resolverlos, este ejercicio ayuda a todos a llegar a las causas profundas de los problemas.

**Cómo hacerlo**

Preguntar repetidamente "¿por qué?" construye una visión compartida de las causas. Cada causa identificada al preguntar por qué se cuestiona aún más para averiguar por qué ocurrió, hasta que se encuentren las causas más profundas.

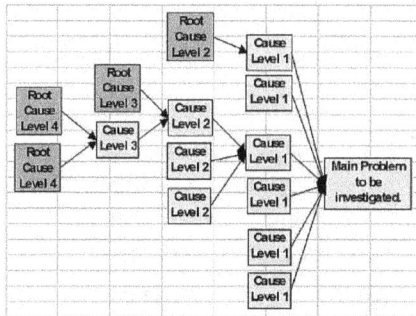

Diagrama de causa y efecto

Dibuja un diagrama de causa y efecto que muestre en los diferentes niveles las causas encontradas preguntando por qué. Por lo general, habrá de cuatro a siete niveles de causas y efectos para llegar a una situación en la que nadie sepa la respuesta o determinar un lugar de parada donde las personas sientan que no hay necesidad de profundizar más. En este punto, ¡has determinado una causa raíz! Repita este procedimiento hasta que hayas identificado las causas raíz para todas las causas de más alto nivel que se han identificado. No te detengas demasiado pronto; asegúrate de que realmente encuentras las causas raíz.

Una vez que tengas todas las causas raíz identificadas, pregunta al equipo por acciones que eviten que causas similares conduzcan a problemas en el futuro.

Hay algunas cosas a tener en cuenta cuando se utiliza este ejercicio:

- Utiliza los problemas reales, no sólo casos imaginarios. Pide a los miembros del equipo que muestren las causas que realmente han ocurrido, no simplemente algo que podría haber sucedido (esto evita supuestos). Como un equipo, debéis reconocer las causas y saber que son reales para definir acciones y soluciones efectivas.
- Se consciente de que un problema siempre tiene múltiples causas. No te detengas cuando tengas una primera causa raíz. Invierte el tiempo necesario en el análisis para encontrar todas ellas y comprende cómo las causas se relacionan entre sí.
- Cambia el modo en el que preguntas por qué para entender mejor las causas reales. Esto requiere un poco de habilidad de la persona que facilita la retrospectiva. Ésta puede ser tu *Scrum Master* (que podría necesitar tutoría sobre cómo hacer una retrospectiva Cinco Veces Por Qué) o un facilitador experimentado que sabe cómo el ejercicio puede ser utilizado para llegar al fondo de los problemas.
- Las causas raíz casi siempre tienen que ver con la gente. Rara vez es un problema técnico o una herramienta. La mayor parte del tiempo tiene que ver con las habilidades, el conocimiento, la forma en que el trabajo está hecho, el liderazgo,

el poder, la autoridad, la comunicación o la colaboración.

El ejercicio Cinco Veces Por Qué es similar a la actividad Cinco por qué del libro *Agile Retrospectives* de Esther Derby y Diana Larsen.

Una retrospectiva Cinco Veces Por Qué está basada en el análisis de la causa raíz de los problemas, una técnica probada. Herramientas prácticas de análisis de causa raíz que los facilitadores pueden utilizar para esta retrospectiva son un proceso de análisis de causa raíz y un análisis de lista de comprobación de causa raíz.

# Constelación

Para tener éxito con una retrospectiva hay que establecer un escenario, permitiendo que un equipo se sienta cómodo para hablar libremente sobre cualquier tema. El ejercicio Constelación puede lograr esto.

### Qué puedes esperar obtener de este ejercicio

Este es un ejercicio para la gente a la que no le gusta o no se siente cómodo compartiendo sus sentimientos u opiniones abiertamente. Esto es especialmente así en el inicio de un proyecto, cuando los miembros del equipo aún no confían totalmente en los demás. Los diferentes orígenes culturales y los rasgos de personalidad pueden hacer difícil responder a las preguntas. Este ejercicio puede ayudar a mitigar estos problemas porque la gente no tiene que hablar con el fin de responder a las preguntas. Otra ventaja es que este ejercicio desvela lo que todo el equipo piensa sobre un tema determinado sin la necesidad de las primeras discusiones.

### Cuándo deberías utilizar este ejercicio

Este ejercicio puede abrir cualquier retrospectiva. Podría ser adecuado cuando el *Scrum Master / Agile Coach* siente que el equipo no tiene la misma opinión sobre las prácticas aplicadas en el equipo. Este es un buen ejercicio para desvelar las opiniones de los individuos, lo que permite un entendimiento común acerca de lo que los otros piensan. Esto es importante porque los miembros del equipo deben estar alineados. Por ejemplo, si algunos miembros del equipo piensan que su nivel de automatización es bueno, pero otros no, no hay forma de que el equipo trabaje junto para mejorar este tema.

### Cómo hacerlo

Comenzamos una retrospectiva con la bienvenida a los miembros del equipo y el establecimiento de una meta positiva para la sesión.

Comienza por crear un espacio abierto. Mueve las mesas y las sillas si es necesario. Coloca un objeto en el suelo y explica al equipo que este objeto es el centro del universo. Amablemente pídeles que formen un círculo alrededor de él. Explica que vas a leer algunas frases y que mientras estás leyendo te gustaría que se muevan más cerca o más lejos del universo en función de cómo sea de verdad para ellos la sentencia. Por lo tanto, si están de acuerdo con la sentencia, deben moverse lo más cerca posible del centro del universo. Si no están de acuerdo con ella, deben alejarse del centro. Una vez que leas una pregunta, deja que el equipo observe el sistema. Como escribió Lyssa, "deja que el sistema se muestre".

Puedes elegir las frases dentro de las diferentes áreas que podrían necesitar mejoras, es decir, área técnica, de innovación y de personas. En el área técnica, puedes hacer preguntas como, "¿cuánta dificultad tiene moverse a un escenario donde podríamos liberar cada subida de código? ¿cuánta dificultad tiene moverse a una cobertura de pruebas del 100%? ¿cuánta dificultad tiene deshacerse por completo de las pruebas manuales?".

Acerca del área de personas, se puede afirmar, "Trabajar en este equipo me da una fantástica sensación de recompensa. Trabajar en este equipo me hace sentir muy apreciado. Trabajar en este equipo me permite desarrollarme como persona y como profesional".

Las frases sobre innovación pueden incluir, "Siento que somos el equipo más innovador de toda la empresa. Siento que tenemos el espacio necesario para desarrollar todas nuestras ideas. Siento que nuestro producto es tan innovador que nadie en el mercado está aún cerca de tener algo parecido".

Sólo tienes que elegir un tema, hacer varias preguntas relacionadas con él y dejar al equipo ver dónde están. Ellos no tienen que hablar en absoluto, sólo responder con movimientos que muestren su posición en el sistema.

Puedes seguir haciendo preguntas hasta que sientas un buen ambiente en el equipo. Para beneficiarte al máximo de este ejercicio, al final pregunta al equipo, "¿Estás sorprendido con la forma?" Déjalos que hablen entre sí un poco. Es importante permitir discusiones sanas.

Como siguiente paso, puedes elegir para el debate las tres sentencias con las opiniones más dispares dentro del equipo, con el fin de llevar a todos a un entendimiento común sobre dónde están y dónde les gustaría estar. Después de eso, acuerda con el equipo quién va a asumir la responsabilidad sobre los diferentes temas y cierra la retrospectiva. Puedes realizar este ejercicio de forma virtual. Tener a todos en la misma habitación ayuda, pero no es necesario. Puedes utilizar herramientas como Lino con equipos distribuidos.

# Encuesta de Evaluación del Equipo

*(LG)* Durante los últimos meses he estado en contacto con el marco de trabajo SAFe de Dean Leffingwell. El marco proporciona una Encuesta de Evaluación del Equipo.

Este ejercicio proporciona un conjunto de mediciones que un equipo puede utilizar para determinar objetivamente su desempeño a nivel de proyecto.

**Qué puedes esperar obtener de este ejercicio**

El ejercicio ayuda a los equipos en su viaje Ágil. Permite a los equipos analizar la forma en que se desempeñan en las diferentes áreas e identificar posibles mejoras en el futuro cercano.

La evaluación tiene cuatro áreas principales:

- La salud de la propiedad del producto: cómo el dueño de producto está trabajando.
- La salud de la iteración: como se gestionan las actividades dentro de la iteración.
- La salud del equipo: la salud del espíritu de equipo dentro del equipo.
- La salud técnica: qué tan bien el equipo ha implementado las mejores prácticas técnicas.

Cada una de estas áreas tiene diferentes preguntas que pueden ser valoradas de cero a cinco, donde cero es el nivel más bajo de salud, lo que permite al equipo evaluar las áreas que necesitan más atención.

Este ejercicio ayuda a desvelar la salud general de los equipos Ágiles.

**Cuándo deberías utilizar este ejercicio**

Esta técnica puede ser adecuada para situaciones en las que un equipo quiere entender mejor lo bien que se están implementando las prácticas Ágiles. Este ejercicio no va a resolver los problemas específicos que se produjeron durante la iteración, pero podría desvelar por qué sucedieron esos problemas. Por ejemplo, un equipo que se encuentra una gran cantidad de errores durante el desarrollo podría enterarse de que sus prácticas de pruebas unitarias o de automatización no están bien implementadas.

**Cómo hacerlo**

Para realizar este ejercicio se utiliza una hoja de cálculo. La hoja de cálculo tendrá cuatro áreas principales (salud de la propiedad de producto, salud de la iteración, salud del equipo y salud técnica). Para cada área puedes crear varias sentencias que pienses que son apropiadas. Haz que cada miembro de tu equipo responda a estas preguntas antes de la retrospectiva. Puedes utilizar las sentencias de la evaluación SAFe del equipo *Scrum XP* que puedes encontrar en el marco de trabajo *Scaled Agile*. A continuación mostramos dos sentencias ejemplo de cada área.

La salud de la propiedad de producto:

- El dueño de producto facilita el desarrollo de las historias de usuario, el establecimiento de prioridades y la negociación.
- El dueño de producto colabora activamente con la gestión del producto y de otras partes interesadas.

La salud de la iteración:

- El equipo planifica la iteración colaborativamente, eficaz-mente y eficientemente.
- El equipo siempre tiene metas claras para la iteración que apoyan los objetivos de IEP (Incremento Entregable Potencial - *PSI, Potential Shippable Increment*) y se compromete a cumplirlas.

La salud del equipo:

- Los miembros del equipo son auto-organizados, se respetan mutuamente, se ayudan mutuamente a completar las metas de la iteración, gestionan las interdependencias y permanecen en sincronía con los demás.
- Las historias se repiten a través de la iteración con múltiples ciclos definir-construir-probar (por ejemplo, la iteración no es un ciclo cascada o *waterfall*).

La salud técnica:

- Las pruebas de aceptación automatizadas y las pruebas unitarias son parte de la historia.
- La Refactorización DoD (*Definition of Done*, definición de hecho) está siempre en marcha.

Todas estas afirmaciones se pueden calificar de cero (nunca) a cinco (siempre).

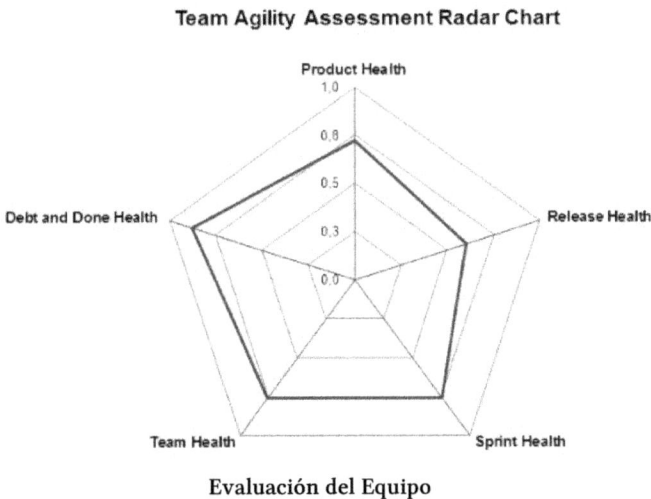

**Team Agility Assessment Radar Chart**

Product Health
1.0
0.8
0.5
0.3
0.0

Debt and Done Health

Release Health

Team Health

Sprint Health

**Evaluación del Equipo**

Durante la retrospectiva, el equipo completa juntos la hoja de cálculo y los miembros se evalúan a sí mismos para saber dónde están. Si lo deseas, puedes crear un gráfico para mostrar el resultado de la evaluación. Se puede ver un ejemplo en la imagen de arriba.

La visualización de la evaluación permite a un equipo apreciar dónde está. Con el gráfico en frente de ellos, pueden decidir qué área quieren mejorar, elegir solo un área a la vez y uno de los temas dentro del área.

Al igual que muchos otros ejercicios, éste no requiere que el equipo esté en un mismo sitio, siempre y cuando tenga algún tipo de mecanismo de puntuación y de votación al que todos puedan acceder.

# Retrospectiva Basadas en las Fortalezas

¿Cómo puedes convertir a un excelente equipo para que sea capaz de entregar y superar las expectativas de los clientes? Haciendo cada vez mejor las cosas en las que eres bueno. Esto se puede lograr usando una Retrospectiva Basada en las Fortalezas centrada en la solución.

### Qué puedes esperar obtener de este ejercicio

Este ejercicio ayuda a los equipos a mejorar ellos mismos, centrándose en sus fortalezas individuales y de equipo, ¡y aplicando esas fortalezas para mejorar!

Una retrospectiva centrada en la solución se basa en la terapia centrada en soluciones. Este tipo de terapia no se centra en el pasado, sino en el presente y el futuro. Examina lo que funciona en una situación dada y lo utiliza para hacer frente a los problemas existentes. Es una forma positiva de mejorar, explorando posibilidades y evidenciando fortalezas que las personas y los equipos pueden no haberse dado cuenta.

### Cuándo deberías utilizar este ejercicio

En retrospectivas, los equipos suelen utilizar un ejercicio para reflexionar sobre el trabajo que ellos hicieron, analizar qué pasó y por qué y definir acciones de mejora para la próxima iteración. Estas acciones implican que van a cambiar su forma de trabajar. Una Retrospectiva Basada en las Fortalezas es un enfoque diferente. En lugar de venir con una lista de acciones para comenzar a hacer cosas nuevas (que podrían no ser capaces de hacer), sus acciones consisten en hacer más de lo que ya están haciendo y son buenos.

Si su equipo está trabajando para mejorar su felicidad, entonces una Retrospectiva Basada en las Fortalezas se puede utilizar para identificar en qué son buenos. A menudo, estas son las mismas cosas que los hacen felices.

## Cómo hacerlo

Una Retrospectiva Basada en las Fortalezas consta de 2 pasos: descubrir las fortalezas y, a continuación, definir las acciones que las utilizan. Ambos pasos consisten en preguntas retrospectivas que los miembros del equipo se hacen.

Descubrir las fortalezas: piensa en algo que sucedió en esta iteración que el equipo logró alcanzar más allá de lo esperado y que genera beneficios para ti, el equipo, y / o tus clientes. Ahora hazte a ti mismo y a tu equipo las siguientes preguntas:

- ¿Cómo lo hicimos? ¿Qué hemos hecho para que tenga éxito?
- ¿Qué nos ayudó a hacerlo? ¿Qué conocimientos o habilidades marcaron la diferencia? ¿Qué fortalezas que poseemos lo hicieron posible?
- ¿Cómo ser parte de un equipo ayuda a realizarlo? ¿Qué hicieron los miembros del equipo para ayudarte? ¿Qué fortalezas tiene tu equipo?

Las preguntas se basan en la indagación apreciativa, un enfoque que se centra en el valor y la energía. Estas preguntas dan visibilidad a las cosas buenas que sucedieron y exploran las fortalezas subyacentes que lo hicieron posible.

Si está utilizando las cuatro preguntas clave, la pregunta "¿qué hicimos bien?" también puede usarse como un enfoque centrado en las soluciones para encontrar las fortalezas que se pueden implementar para lidiar con los problemas a los que un equipo se enfrenta.

Definir las acciones: piensa en un problema que tuvieras en la pasada iteración, uno que es probable que suceda de nuevo. Por ejemplo, ¿un problema que está impidiendo a ti y tu equipo la entrega de valor a tus clientes? Ahora pregunta:

- ¿Cómo puedes usar tus fortalezas individuales para resolver este problema?

- ¿Qué harías con más frecuencia que ayudase a evitar que el problema ocurra de nuevo?
- ¿Qué acciones puedes tomar y que seas capaz de hacer?

Una vez más, esto aplica la indagación apreciativa imaginando lo que puede hacerse utilizando las fortalezas previamente detectadas y dando energía a los miembros del equipo para llevarlo a cabo.

# Árbol de Alto Rendimiento

Una gran ventaja de este ejercicio es su sencillez. Es una fantástica herramienta que ayuda a los equipos en su viaje para convertirse en equipos de alto rendimiento.

El Árbol de Alto Rendimiento fue creado por Lyssa Adkins. Este ejercicio se analiza en detalle en su libro *Coaching Agile Teams: A Companion for Scrum Masters, Agile Coaches and Project Managers in Transition.*

### Qué puedes esperar obtener de este ejercicio

Este ejercicio ayuda al equipo a definir una visión de sí mismo. Lyssa se refiere a las metáforas como una habilidad básica que se enseña en cursos de *coaching* profesional. Esto es exactamente lo que el Árbol de Alto Rendimiento es, una metáfora para ayudar a los equipos a crear una visión convincente. Es una manera de crear un camino que conduce a equipos de alto rendimiento. Este ejercicio ayuda a muchos equipos a encontrar los pasos a seguir a fin de lograr un alto rendimiento.

### Cuándo deberías utilizar este ejercicio

El ejercicio se puede utilizar de varias maneras diferentes y puede ser utilizado por cualquier equipo. Sin embargo, la forma en que se utiliza depende de la madurez del equipo. Tenemos que definir el nivel de madurez del equipo y adaptar el ejercicio a ese nivel. Lyssa establece que para que un equipo sea altamente productivo necesita raíces fuertes. Cuando las raíces son sólidas, el árbol puede florecer y producir frutos hermosos.

Vemos que este ejercicio se usa principalmente de tres maneras diferentes:

- Equipo *start-up*.
- Un equipo normal que todavía tiene un montón de problemas por resolver.
- Un buen equipo que está buscando el siguiente paso para convertirse en un equipo de alto rendimiento.

## Cómo hacerlo

Este ejercicio comienza con el *Coach* dibujando un árbol con los cinco valores de *Scrum* como las raíces. Esto hace que sea también una gran oportunidad para el *Coach* para enseñar o refrescar el significado de los valores de *Scrum*. Si el equipo es maduro puede sustituir los valores de *Scrum* por sus propios valores. Cuando el equipo es nuevo e inexperto recomendamos comenzar con los valores de *Scrum*.

El compromiso es el estado o calidad de la dedicación a una causa, actividad, etc. Un compromiso no se debe romper. Si está roto, no era un compromiso sino una promesa vacía y una mentira. En el mundo de *Scrum*, esto significa que todos los involucrados en el desarrollo de un producto están comprometidos en trabajar hacia un objetivo común.

El valor es la capacidad de enfrentar el miedo, el dolor, el peligro, la incertidumbre y la intimidación. En el desarrollo de software, estos sentimientos siempre estarán presentes y corresponde a los miembros del equipo tratar de disipar cualquier cosa que les impida tener éxito.

La amplitud de miras es la capacidad de estar abiertos a nuevas ideas, nuevos enfoques y nuevas formas de trabajar. Este es un estado fundamental en el desarrollo Ágil de software, porque los equipos se encuentran cada día con distintos problemas que deben ser abordados de forma diferente. Ser abierto es obligatorio para el éxito.

Foco es el proceso de concentración selectiva sobre un aspecto del entorno ignorando otras cosas. En el desarrollo de software esto significa que los equipos deben concentrarse en un tema a la vez. No deberían empezar un tema nuevo sin antes terminar el anterior.

El respeto es un sentimiento de profunda admiración por alguien o algo provocado por sus habilidades, cualidades o logros. En *Scrum*, todos los miembros del equipo interactúan estrechamente y el respeto es lo más importante para que tales relaciones funcionen.

Después de explicar los valores de *Scrum*, puedes enumerar las características de los equipos de alto rendimiento, por ejemplo: empoderado, dirección basada en el consenso, autoorganizado, desacuerdo constructivo, etc. Estas son algunas de las características que Jean Tabaka refiere en su libro *Collaboration Explained*.

Explica que esta combinación producirá equipos que pueden hacer cualquier cosa, lograr resultados sorprendentes, obtener valor de negocio adecuado más rápidamente.

Después de esto, puedes meter al equipo en una discusión sana para tratar de averiguar lo que falta y lo que se necesita para que puedan avanzar al siguiente nivel.

Los equipos nuevos aprenderán cómo convertirse en un equipo de alto rendimiento con este ejercicio. Los equipos maduros pueden revisar su desempeño y analizar lo que se necesita para convertirse en equipos de alto rendimiento. Incluso los equipos que ya tienen un alto rendimiento encontrarán algo que pueden mejorar para llegar a ser mejores.

Al igual que en muchos otros ejercicios, este ejercicio tiene mayor impacto si todos los miembros del equipo están en el mismo lugar, pero esto no es obligatorio. El ejercicio se puede hacer fácilmente con una cámara web como Lyssa hizo en youtube.

# Mapa del Flujo de Valor

El Mapa del Flujo de Valor es una técnica proveniente de la manufactura *Lean* que se utiliza para analizar y diseñar el flujo de materiales y la información necesaria para llevar un producto o servicio a un consumidor. Aunque el Mapa del Flujo de Valor a menudo se asocia con la fabricación, también se utiliza en la logística y la cadena de suministro, las industrias de servicios relacionados, la asistencia sanitaria, el desarrollo de software, el desarrollo de productos y procesos administrativos y de oficina. En Toyota, donde se originó la técnica, se conoce como "el mapa del flujo de material e información". Se puede aplicar a casi cualquier cadena de valor.

### Qué puedes esperar obtener de este ejercicio

Con esta herramienta se puede visualizar la forma en que tu proceso de desarrollo está trabajando lo que permite a tu equipo identificar las partes posibles del proceso de desarrollo de software que pueden mejorarse. Este ejercicio te mostrará que el equipo tiene muchas dependencias y bloqueos. Tener esta información disponible ayudará a un equipo a decidir cómo y dónde puede mejorar.

### Cuándo utilizar este ejercicio

Esta técnica será más eficaz con equipos maduros. Este método nos desvelará cómo el equipo y el sistema interactúan. Para este tipo de exposición el equipo debe ser maduro. Yo creo que si los miembros del equipo son nuevos en ágil no van a entender la mayor parte de las cosas que este ejercicio descubrirá.

*(LG)* Por ejemplo, desde mi experiencia una de las cosas más comunes que este ejercicio expone es la secuencia de Aseguramiento de la calidad (QA) / Localización / Documentación para cada historia. Si el equipo no es lo suficientemente maduro no verán esto como un problema. Creo que la mayoría de las veces sólo los equipos

verdaderamente ágiles entienden lo importante que es reducir la cadena de aseguramiento de la calidad, introduciendo TDD, ATDD, pruebas unitarias y tampoco se dan cuenta de lo importante que es tener la documentación / localización hecha dentro de la iteración. *(LG)* Con el fin de obtener ideas sobre cómo llevar la localización dentro de la iteración, lee mi artículo: *Is Localization delaying your release?* El ejercicio de Mapa del Flujo de Valor desvelará algunos problemas complejos que sólo los equipos maduros están listos para hacer frente.

### Cómo hacerlo

Esta actividad no es una actividad para realizar durante la retrospectiva. En su lugar, se trata de una actividad que se realizará durante la iteración y luego se analiza dentro de la retrospectiva.

La manera más fácil de hacer esta actividad es tomar un poco de papel de rotafolio y pegarlo en la pared. A continuación, divide el espacio en intervalos iguales; cada intervalo representa un día de la iteración. Traza una línea en el eje Y; esta línea debe estar en la posición Y = 0. Debes tener un rotafolio para cada historia de la iteración. No es un requisito que el equipo esté en el mismo lugar, basta con crear una hoja de *Excel* para producir el mismo efecto.

Durante el desarrollo, el equipo debe concentrarse en una historia a la vez. Si están haciendo una actividad que aporte valor a un cliente, cada miembro dibuja una línea en la parte superior de la línea del eje Y. Si están esperando, bloqueados o haciendo alguna actividad que no aporta valor al cliente, dibujan una línea debajo de la línea de eje. Puedes encontrar un ejemplo a continuación.

**Mapa del Flujo de Valor**

En el ejemplo anterior, puedes ver a las personas responsables de las tareas de desarrollo, aseguramiento de la calidad, documentación y localización.

Si eres nuevo en este ejercicio, puedes pensar en todas las tareas que se necesitan para llevar a cabo una historia que aporte valor al cliente. Todas las demás tareas producen desperdicio. Tal como se utiliza en el mundo de los negocios, el valor del cliente es la cantidad de beneficio que un cliente va a obtener de un servicio o producto, en relación a su costo. Los desperdicios que Poppendieck describe en su libro *Lean Software Development* son:

- Cualquier cosa que no crea valor para un cliente.
- Una parte que está sentada ahí esperando a ser utilizada.
- Hacer algo que no se necesita de inmediato.
- Movimiento.
- Transporte.
- Esperar.
- Cualquier procesamiento adicional.
- Defectos.

Si un equipo es muy maduro puede empezar a clasificar todas las actividades de aseguramiento de la calidad que se realizan como la validación frente a la parte del desarrollo o corrección de errores, como residuos. Como un ejemplo, las pruebas unitarias, TDD, ATDD y otras técnicas se pueden considerar actividades de aseguramiento de la calidad como una parte del desarrollo. Si estamos probando al final sólo para comprobar que todo está bien, entonces puedes pensar que esto es un desperdicio. La corrección de errores también se puede considerar como un desperdicio.

El equipo tiene que hacer esta actividad cada día con el fin de realizar un seguimiento de todas las actividades dentro del equipo. No te olvides de escribir notas cuando las personas están bloqueadas o desocupadas; estas notas son importantes para ser discutidas en la retrospectiva. El posible resultado puede ser algo como la imagen anterior. *(LG)* Como he dicho, he intentado esta actividad varias veces y es increíble la cantidad de información que el equipo obtiene de este ejercicio. Para mí este es uno de los ejercicios de mi caja de herramientas que más aprecio.

# Retrospectiva de Retrospectivas

Muchos proyectos Ágiles tienen varios equipos que trabajan en el mismo producto. Cada equipo puede hacer sus propias retrospectivas y se puede utilizar una Retrospectiva de Retrospectivas para compartir aprendizajes.

### Qué puedes esperar obtener de este ejercicio

La Retrospectiva de Retrospectivas (ROR) ayuda a mejorar la colaboración entre los equipos y a aumentar las contribuciones del equipo a un proyecto. Úsala para compartir aprendizajes a través de un proyecto y para resolver los problemas a los que el proyecto se enfrenta.

Desde una RoR mejora la colaboración en el proyecto, lo que puede ser una gran manera de manejar los riesgos y mejorar la calidad del producto. Puede también incrementar las posibilidades de que el proyecto entregue una funcionalidad valiosa, de forma rápida y continua.

Los proyectos distribuidos también pueden usar ROR para mejorar la interacción y las relaciones de trabajo de los equipos. Jutta Eckstein describe en su libro *Agile Software Development with Distributed Teams* cómo se pueden organizar retrospectivas de todo el proyecto, ya sean en persona o en reuniones virtuales.

Los programas de mejora a nivel corporativo a menudo fracasan, mientras que las retrospectivas han demostrado ofrecer una mejora continua en el día a día. Las RoR mejoran esto porque posibilitan que los equipos aprendan de otros equipos. También anima a los equipos a hacer equipo donde vean puntos en común. La suma es mayor que las partes individuales.

### Cuándo deberías utilizar este ejercicio

Una RoR permite alinear la forma de trabajo que se realiza en un proyecto a través de múltiples equipos. Esto puede hacer las cosas más fáciles para las personas que trabajan entre todos los equipos, al igual que los dueños de producto, directores de proyectos y otros interesados. Un director de proyecto a menudo participa en una RoR, ya que lo ayuda a él / ella a gestionar su proyecto con equipos Ágiles. Una RoR ayuda a un director de proyecto en la gestión de proyectos Ágiles estimulando la colaboración y la auto-organización de los equipos.

Puedes hacer una RoR al inicio de un proyecto cuando es importante establecer cómo se organizará el proyecto y cómo los equipos trabajarán juntos. Otra ocasión para llevarla a cabo sería cuando un proyecto se enfrenta a grandes problemas repetitivos que tienen que ver con la forma en que los equipos trabajan juntos. Puedes llegar a las causas raíz de los problemas en una retrospectiva que ayude a los equipos a definir soluciones efectivas.

Este ejercicio describe cómo utilizar RoR en un proyecto, pero también puedes hacerlo en un departamento o en la organización completa. Dondequiera que haya equipos colaborando, hacer una RoR regularmente puede ayudar a eliminar las barreras y mantener las cosas en movimiento.

### Cómo hacerlo

En una RoR los miembros de diferentes equipos se reúnen para discutir las reflexiones de las retrospectivas de sus equipos y las acciones que han tomado. Juntos pueden decidir:

- Acciones adicionales que se necesitan.
- Re-priorización de las acciones del equipo.
- Cómo trabajar juntos haciendo las acciones del equipo.
- Mejoras en las acciones del equipo.

Una RoR se puede hacer de muchas maneras. Puedes definir los temas a tratar al inicio, lo que hace que sea más fácil para que los participantes se preparen y se concentren. Pero también puedes tener participantes que sugieren temas al comienzo de la RoR, donde se votan y se priorizan directamente. También puedes utilizar la tecnología *open-space* para que la gente se alinee sobre los temas que ellos consideran importantes.

Te recomendamos hacer una RoR después de cada entrega (mayor). Para la mayoría de los proyectos, sería una RoR cada tres a seis iteraciones, lo que significa más o menos cada trimestre del año. La idea es hacerlo cuando tienes algo a la vista que valga la pena, qué es lo que ha sucedido en el camino hacía la última entrega. Y también tienes una meta para la RoR: ¿qué tenemos que hacer para que la próxima entrega de trabajo sea mejor?

El resultado de la RoR se lleva a los equipos. Es la gente en los diferentes equipos la que está haciendo las acciones. Ellos están cambiando la forma en que hacen su trabajo (su proceso). Corresponde a los propios equipos hacer el seguimiento de sus acciones.

¿Qué ocurre con la confidencialidad que el equipo podría pedir? Los equipos pueden haber discutido cuestiones en su retrospectiva que son privadas para el equipo. ¿Eso es algo que se comparte en una RoR? Normalmente no. *(BL)* La regla básica que aplico es "lo que ocurre en el equipo se queda en el equipo." ¿Eso significa que no se puede hablar de ello en un RoR? A menos que pueda hacerlo de manera anónima, sin herir a las personas o al equipo, no se puede. Pero similar a la confianza que hay dentro de un equipo, también debe haber un nivel de confianza en el proyecto. Tienes que ser capaz de discutir las cosas y asumir que tus palabras no serán mal utilizadas por otros participantes.

# Beneficios de las retrospectivas

Las retrospectivas aportan beneficios a los equipos Ágiles. Ayudan a mejorar y entregar valor a sus clientes. Asimismo, al mejorar el rendimiento del equipo, las retrospectivas entregan valor a su negocio.

### Acciones del equipo para que el equipo

En las retrospectivas se buscan acciones de mejora en el equipo Ágil que los miembros del equipo hagan ellos mismos. Los equipos son autoorganizados, lo que significa que tienen el poder de cambiar su forma de trabajar (su proceso). Si quieren probar una forma diferente de trabajar, les toca a ellos dar realimentación a los demás para discutir lo que pasó, para aprender y para decidir qué hacer.

El equipo define las acciones que se quieren llevar a cabo en la siguiente iteración para superar los problemas con que se toparon en su última iteración, para trabajar de manera más eficiente y efectiva y entregar más valor de negocio a sus clientes. ¡Nadie puede cambiar con eficacia un equipo autoorganizado sino el propio equipo!

### Los propietarios de producto pueden participar

Si hay problemas relacionados con el manejo de la pila de producto, haciendo la planificación o haciendo frente a las necesidades de los usuarios, se recomienda invitar al dueño de producto a la retrospectiva. Los miembros del equipo y el dueño de producto pueden juntos explorar los temas, definir acciones para resolverlos y mejorar la colaboración.

En algunos casos es posible que también desee invitar a los clientes a la retrospectiva. Por ejemplo, es útil involucrarlos cuando ha habido problemas con la revisión de la iteración, cuando los miembros del equipo y el dueño de producto quieren mejorar la comunicación con los clientes o cuando se desea explorar maneras de involucrar a los clientes con más frecuencia en el desarrollo del producto.

Los equipos a veces vienen con acciones para cambiar la forma en que colaboran y se comunican con los clientes actuales y futuros. Muchas veces, ellos también quieren que cambie la forma en que interactúan con el equipo, por ejemplo, para hacer que atiendan a una revisión de la iteración o la forma en que proporcionan información sobre el producto. Corresponde a los clientes cambiar su comportamiento si descubren que sería más eficaz; no es una decisión del equipo. Decirlo a un equipo como *Coach* no siempre te hace popular, pero es como funciona. Puedes influir en la gente, pero no se puede cambiar directamente a las personas, ¡la gente sólo puede cambiar por sí misma!

Los miembros del equipo pueden ponerse de acuerdo sobre cómo van a cambiar, pero los individuos no pueden dictar lo que otros deben hacer. El cambio desencadena el cambio, así que inicia la acción en el equipo y observa cómo influye en los demás. Ten paciencia: por lo general funciona.

### ¡No hay transferencias!

*(BL)* Cuando empecé con Retrospectivas Ágiles discutí con mis colegas por qué debemos hacerlas. Ya hicimos evaluaciones de proyectos, por lo que, ¿en qué se diferencian las retrospectivas y cuál sería el beneficio de hacerlas? Una diferencia es que las Retrospectivas Ágiles se centran en el equipo, no en la organización. No hay transferencia de acciones necesarias de mejora.

Las evaluaciones de proyecto investigan lo ocurrido en el proyecto y recomiendan cambios para la organización o proyectos futuros en lugar de definir acciones para el proyecto actual. Es lógico que la mayoría de las evaluaciones de proyecto ocurran al final del proyecto. Pero, no hay mucho que se pueda cambiar en un proyecto una vez que se ha completado. Para llevar a cabo las acciones, el equipo del proyecto que hizo la evaluación deberá transferirlas a otro equipo de proyecto u otras personas responsables de la mejora de la organización.

En una Retrospectiva Ágil, no hay transferencia: los miembros del equipo analizarán lo que sucedió, definirán acciones y las darán seguimiento.

## Aceptación de la gente

Puedes recordar el momento en que tu empresa anunció otro programa de mejora más abordaría las necesidades del negocio y resolvería los principales problemas a los que la compañía se estaba enfrentando. Probablemente te preguntaste si podría resolver tus problemas y la forma en que lo haría.

En lugar de esperar a que el programa de mejora resuelva tus problemas, ¿por qué no utilizas las Retrospectivas Ágiles para tomar el control de tu propio viaje de mejora? Resolver los problemas que te frenan a ti y a tu equipo, los que vosotros mismos consideráis importantes para resolver. ¡Uno de los beneficios de las Retrospectivas Ágiles es que te dan el poder para hacerlo!

Muchos de los grandes programas de mejora fallan, pero no a causa de las personas que los manejan. Estos profesionales son generalmente capaces, saben cómo manejar el cambio y han asegurado el compromiso de la gestión y financiación. Pero lo que a menudo falta es apoyo por parte de la fuerza de trabajo, de las personas en los proyectos y equipos.

Aquí es donde las retrospectivas tienen un enfoque muy diferente, ya que son propiedad y están hechas por el equipo Ágil. Ellos deciden dónde y cómo cambiar su manera de trabajar, en lugar de ser dictados por los programas de mejora. Los equipos colaboran con los gerentes y profesionales de calidad y de procesos para hacer cambios duraderos y valiosos.

## Los equipos lideran su propio viaje de mejora

Las retrospectivas empoderan al equipo para el control de su propio destino. Un equipo las utiliza para resolver los problemas que ellos consideran que son los mayores obstáculos. Pueden mejorar a su propio ritmo, haciendo tan poco o tanto como lo consideren posible.

Los gerentes deben permitir y apoyar a los equipos en la realización de retrospectivas. Pueden pedir y esperar que los equipos mejoren dentro de las posibilidades y limitaciones de la organización, y contribuir a los objetivos de la organización, pero es el equipo quien elige cómo mejora y decide dónde no mejorar (ahora). Un gerente debe respetar el juicio de sus empleados y confiar en la profesionalidad del equipo, confiar en ellos para manejar su propio viaje.

Si un equipo necesita profesionales que no forman parte de su equipo para hacer sus actividades, como su gerente o un departamento de soporte, entonces depende de ellos involucrarlos. El equipo puede, por ejemplo, explicar sus necesidades, dejar claro lo que esperan y por qué es importante y cómo las cosas que ellos solicitan ayudarán al equipo. Un equipo debe comprobar dos veces sus expectativas: ¿Es la solicitud de algo que el gerente o el departamento de soporte es capaz y está dispuesto a hacer? Es importante saber lo que es factible en la organización y tiene que hacer, y evitar falsas expectativas.

# La adopción de retrospectivas Ágiles

En este capítulo se describe cómo se pueden aplicar las retrospectivas a su organización. Es posible que necesites la ayuda de un *Agile Coach* o consultor que te apoye en esto.

Al igual que la aplicación de cualquier otra práctica Ágil, adoptar las retrospectivas es un cambio organizacional en el que los profesionales adaptan su forma de trabajar y comportamiento. Si no se apoya correctamente puede tardar mucho tiempo establecerse o incluso puede fallar.

Para apoyar a los equipos de tu organización en la adopción de las retrospectivas Ágiles puedes tomar las siguientes medidas:

- Haz claro cuál es el propósito. Muestra por qué es beneficioso hacer retrospectivas.
- Ten gente que sea capaz de facilitar las retrospectivas.
- Inicia la realización de retrospectivas y, con frecuencia, evalúalas.

### Finalidad de las retrospectivas

Sirve de ayuda si la gente entiende por qué deberían hacer retrospectivas y los beneficios que pueden esperar, es decir, el valor derivado para la organización y para ellos en lo personal (¿qué hay para mí?).

¿Cómo puede ayudar a los participantes entender por qué deberían hacer retrospectivas? Aquí hay algunas sugerencias:

- Debate la necesidad de mejora continua para conseguir resultados con Agilidad.

- Deja claro que los equipos tienen la autoridad y responsabilidad de decidir cómo hacer su trabajo y mejorar su forma de trabajar.
- Celebra situaciones en las que las cosas han cambiado con éxito y recompensa el éxito.
- Haz hincapié en el "por qué" sobre el "cómo"; la finalización de las acciones y la obtención de resultados es lo que cuenta.

### Facilitadores de retrospectivas capaces

Hacer retrospectivas y llevar a cabo las acciones resultantes lleva tiempo, así que es importante ser a la vez eficaz y eficiente. Eficacia es ser capaz de decidir en las pocas acciones de mejora vitales. Eficiencia es ser capaz de encontrar e implementar las acciones de mejora rápidamente mientras se mantiene el esfuerzo invertido lo más bajo posible. Hacer retrospectivas facilitadas por personas capaces (*Scrum Masters* o facilitadores externos al equipo) con una caja de herramientas de técnicas de retrospectivas garantiza esto.

He aquí cómo hacerlo:

- Asigna facilitadores de retrospectivas y / o califica y autoriza personas como facilitadores.
- Entrena a facilitadores en el propósito de las retrospectivas y en las técnicas y los conocimientos necesarios para hacerlas.
- Tutoriza y entrena a los facilitadores de retrospectivas (*Coaches externos* o *auto-coaching/tutoría*).
- Comparte y debate experiencias con retrospectivas.

*The Retrospective Handbook* de Patrick Kua ofrece información práctica sobre cómo preparar y facilitar las retrospectivas.

### Hacer retrospectivas y evaluarlas

Al igual que con muchas de las prácticas Ágiles puedes aprender las retrospectivas más eficazmente haciéndolas. Por supuesto, necesitas prepararte para hacer retrospectivas declarando los propósitos y poniendo facilitadores capaces como se mencionó anteriormente. A continuación, empieza con retrospectivas en tu primera iteración. Utiliza una técnica tan simple como hacer preguntas o el ejercicio del velero. Empieza a hacerlo con uno o más equipos.

Cuando termines tu retrospectiva pregunta a los asistentes a la reunión si fue útil. ¿Les ayudó a obtener una comprensión compartida de cómo van las cosas? ¿Las acciones que salen de la reunión tienen sentido? ¿Conocerse como un equipo hace sentirse bien entre ellos? Estas preguntas y las respuestas del equipo ayudan a mantener las retrospectivas a la vez eficaces y eficientes.

## Empezar con retrospectivas

*(BL)* Empecé haciendo retrospectivas Ágiles con sigilo. No usé el término retrospectiva sino evaluación. Mi razonamiento para el uso de las retrospectivas era ayudar a mis proyectos con evaluaciones frecuentes y acciones de mejora, cosechando así los beneficios de la retrospectiva durante el proyecto.

Ser Ágil es un trabajo duro y puede que tenga que tratar con la resistencia al cambio. Una vez que te hayas vuelto más Ágil las cosas serán más fáciles. Cuando has desarrollado una cultura y mentalidad Ágil, las cosas comenzarán a caer en su lugar y las decisiones sobre qué hacer y qué no hacer vendrán a menudo más fácilmente. Reflexionar frecuentemente en tu viaje Ágil ayuda a mantenerse Ágil.

Cualquiera que sea la forma que elijas para adoptar retrospectivas, asegúrate de seguir haciéndolas. ¡Incluso si las cosas parecen ir bien, siempre hay formas de mejorar!

# Retrospectivas Ágiles valiosas

En primer lugar queremos darte las gracias por leer nuestro libro. Si has llegado a este punto, significa que sobreviviste a la experiencia de leerlo :) Esperamos que haya sido una buena experiencia y que hayas ganado un montón de nuevas ideas para aplicar en tus próximas retrospectivas.

Este libro es el comienzo de un viaje. Estamos desarrollando un pequeño ecosistema en torno a este libro para liberar más ejercicios en el futuro, "Cómo hacer retrospectivas", consejos y muchas otras cosas. Si quieres estar al día, la mejor manera es suscribirse a nuestra lista de correo Valuable Agile Retrospectives - URL: eepurl.com/Mem7H.

Estamos ofreciendo medio año de nuestro trabajo a la comunidad para ayudar a los equipos de todo el mundo a mejorar. A cambio os pedimos que nos ayudes a difundir el mensaje: reenvía este libro a tus colegas, amigos, organizaciones de I + D o cualquier persona que pudiera beneficiarse de ella. Si deseas tuitear al respecto, por favor, utiliza # RetroValue para difundir el mensaje.

Siempre estamos buscando realimentación. Siéntete inspirado para escribir una en Goodreads o ponte en contacto con nosotros a través de: luis.goncalves@oikosofy.com o BenLinders@gmail.com. Nos encantaría saber de ti.

Puede leer nuestros blogs: lmsgoncalves.com y www.benlinders.com. Si estás demasiado ocupado para visitar blogs, podemos enviarte un correo electrónico cuando tengamos noticias para ti. Apúntate a nuestra lista de correo:
Luis (eepurl.com/jotxl) y Ben www.benlinders.com/subscribe/.

Ahora es el momento de decir adiós y desearte todo lo mejor.

Vuestro,
Luis y Ben

# Bibliografía

**Nuestros Blogs**

Welcome to the World of Luis Gonçalves - lmsgoncalves.com

Ben Linders - Sharing my Experience - www.benlinders.com

**Libros**

Lyssa Adkins. *Coaching Agile Teams: A Companion for ScrumMasters, Agile Coaches, and Project Managers in Transition.* Addison-Wesley, 2010.

Rachel Davies and Liz Sedley. *Agile Coaching.* The Pragmatic Programmers, LLC, 2009.

Esther Derby and Diana Larsen. *Agile Retrospectives: Making Good Teams Great.* The Pragmatic Programmers, LLC, 2006.

Jutta Eckstein. *Agile Software Development with Distributed Teams.* Dorset House, 2010.

Norman Kerth. *Project Retrospectives: A Handbook for Team Reviews.* Dorset House, 2001.

Henrik Kniberg. *Scrum and XP from the Trenches.* InfoQ, 2007.

Patrick Kua. *The Retrospective Handbook: A guide for agile teams.* Leanpub, 2013.

Dean Leffingwell. *Scaling Software Agility: Best Practices for Large Enterprises.* Addison-Wesley, 2007.

Mary Poppendieck and Tom Poppendieck. *Lean Software Development: An Agile Toolkit.* Addison-Wesley, 2003.

Mike Rother. *Toyota Kata.* McGraw-Hill, 2009.

Jean Tabaka. *Collaboration Explained: Facilitation Skills for Software Project Leaders.* Addison-Wesley, 2006.

## Enlaces

Manifesto for Agile Software Development - agilemanifesto.org

retrospectives.eu

retrospectives.com

retrospectivewiki.org

www.ingramcontent.com/pod-product-compliance
Lightning Source LLC
Chambersburg PA
CBHW071117210326
41519CB00020B/6325